W0066558

Aannathas
Der Erste Engel

gegeben durch
Ursula Frenzel

ch. falk verlag

Originalausgabe
© ch. falk-verlag, seeon 2014

Umschlaggestaltung: Dirk Gräßle, München,
    unter Verwendung eines Werkes von Maximilian Moser
Satz: P S Design, Lindenfels
Druck: Druckerei Sonnenschein, Hersbruck
Printed in Germany
ISBN 978-3-89568-255-1

Inhalt

Widmung

Dieses Buch widme ich den größten Geschenken auf Erden, die Gott-Vater-Mutter mir außer meinem eigenen Sein gemacht hat: meinen wunderbaren Kindern Stefanie und Maximilian sowie meiner lieben Schwester Claudia.

Mein Werk ist auch all den Mutigen, Erwachten und Reinen gewidmet, die einst ihr Leben für die göttliche Wahrheit gaben und jetzt wieder hier sind, um ihre heilvolle Arbeit fortzuführen: *Dieses Mal werdet ihr nichts verlieren, sondern alles gewinnen.*

Segen

Sei gesegnet …
Himmlischer Seelenstern
Kristall des Lichts
Leuchte, denn du bist erleuchtet

Trage freudvoll …
Dein himmlisches Wissen
Lass es hell erklingen
Aus deinem Göttlichen Mund

Geh voran …
Auf dem Weg aller Wege
Sei du das Sternenlicht
Aus sich selbst geboren

Tritt hervor …
Aus den Schatten der Schatten
Sieh erwachen auf Erden
Gottes strahlendes Königreich

Und verstehe …
Was einst tief verborgen
Wird nun licht und heil
DU BIST auserkoren

Lass die Himmel …
In deinen Augen scheinen
Sei mit mir Göttlicher Same
Träger der Heiligen Flamme

Sei gesegnet …
Himmlischer Seelenstern
Leuchte, denn du bist erleuchtet

Erzengel Aannathas Lichtträger

Erzengel Aannathas
Lichtträger und Erster Engel Gottes spricht

Ich Bin Aannathas Lichtträger, Erster Engel Gottes, mächtigster Strahl der Ur-Quelle allen Lichtes und aller Liebe, Krone der Engel, von Gott Erwählter und mein Name bedeutet Gnade Gottes: Unantastbar ist meine Reinheit, Loyalität und Liebe gegenüber meinem Vater-Mutter-Schöpfer.

Ich trete heute bewusst in dein Leben, denn mir ist von Gott angetragen, dir und deinen Seelen-Geschwistern auf Erden in Liebe und Weisheit seine Botschaft *der neuen erwachten Welt* zu überbringen, *so du bereit bist*: denn Ich Bin der Vater-Mutter-Aspekt der Gottesliebe.

Öffne dein Herz angstfrei, lies folgende Worte und Weisungen in der *Liebesschwingung* deines Herzens und tauche ein in dein *Höheres Bewusstsein*. Das gelingt dir, wenn du bereit bist, meine Botschaften des „Allzeit-Göttlichen" in Liebe, Geduld, Mitgefühl, Reinheit, Klarheit und Freiheit deines wahren Geistes zu lesen und zu prüfen.

Es ist an dir, wahre Freiheit zu leben, und diese liegt in der Hingabe. An was auch immer du dich hingeben willst.

So ist es an dir, dich zu öffnen, anzunehmen, zu verstehen und zu glauben. Dein Herz wird dir dabei helfen. Und es ist auch an dir, mit dem, was du hier erfährst, in deiner dir eigenen Weise umzugehen, um es hilfreich und unterstützend in dein Leben und dein Wissen einzufügen.

Gott-Vater-Mutter-Kosmischer Geist reicht dir jetzt seine Hand durch die göttliche Wahrheit, die durch mich überbracht werden darf: Erzengel Aannathas Lichtträger, Krone der Engel und Erster Engel Gottes, der ich Hüter des Lichts und der Schatten bin.

An dir ist es, sie anzunehmen, zu deinem und aller Segen. Du hast alle Zeit, Mut und Kraft, alle Mauern der Engstirnigkeit, der Verantwortungslosigkeit, der Gier und alle verhärteten, verkrusteten Strukturen menschlicher Borniertheit und Grausamkeit zu durchbrechen, um das Licht und die Liebe Gottes zu sehen.

Alsdann kannst du in diesem *alles erhellenden* Licht Gottes alle deine Wege in Zukunft gehen: sodass alle göttliche Schönheit, Fülle, Freude und Frieden einkehren in dein und aller Leben auf Erden.

Bist du dazu bereit, so darfst du dich einen von Gott berufenen Krieger des Lichts nennen. Alle himmlischen Mächte werden dich heiligen, ehren und sich vor dir in tiefer Achtung verneigen. Mach dich mutvoll auf den Weg.

Bedenke immer, wenn du nun beginnst, dich selbst und die geistige Welt näher kennenzulernen, dass es nicht schwer ist, Engel zu hören. Du musst dich nicht anstrengen, nur ruhig und still werden. Und lauschen! So wirst du mich, aber auch alle anderen Engel fühlen und hören. Es braucht Übung dazu, aber du hast die Zeit, die du brauchst. Habe also Geduld mit dir und mir.

Verstehe, geliebtes Kind des Lichts, nichts ist zu tun, als zu *erblühen* in den sanften himmlischen Winden deiner Sehnsucht, Freiheit und Liebe, die in deinem Herzen geschrieben stehen und nach Erfüllung rufen. Werde still und du wirst es wissen.

Auch will ich dir sagen, dass, selbst wenn mein irdischer Namen Luzifer oder Lucifer hier in diesem Buch einige Male erscheint, du keine Angst haben musst, bedeutet er doch, wie dir schon gesagt wurde, nur Lichtträger. *„Aannathas Lichtträger".* Ich verstehe dich aber gut, bei all dem, was du Jahrhunderte lang über mich gehört hast. Ist dir mein göttlicher Name fremd, so rufe doch den weiblichen Teil in mir – *Lucia* – oder Lucy an. *So werde ich mich freuen, von dir zu hören.*

Wie bei allen Engeln und Lichtmeistern, ja, wie bei aller bewusster *Sternensaat*, schwingen der männliche und der weibliche Teil im Gleichklang der göttlichen Liebe und sind letztendlich *eins*. So wirst du mich immer erreichen.

Öffne dein Herz und erhebe deinen Geist, geliebtes Kind des Lichtes und der Liebe Gottes. Groß ist die Freude hier in den Ebenen des *Ewigen Lichts*. Endlich ist die Zeit gereift auf Erden und endlich ist das *Mehr* der Menschheit soweit, die ganze segensreiche Wahrheit Gottes zu schauen – dadurch alle Schleier und alles Vergessen der Dunkelheit aus eigenem Willen und Tun zu durchdringen und es ins Licht der Freiheit, des Friedens und der bedingungslosen Liebe zu heben.

Ich, Erzengel Aannathas Lichtträger, ermächtigt von dem einen wahren Gott der Liebe, Hüter allen Lichts und aller Schatten, segne dich im Namen Gottes und gehe an deiner Seite, denn ich liebe dich.

Aannathas Lichtträger

Aannathas Lichtträger hat mich gerufen
von Ursula Frenzel

Meine Geschichte mit Erzengel Aannathas Lichtträger begann lange, bevor es mir selbst bewusst wurde. Denn schon in meiner Kindheit hatte ich zu ihm ein absolut neutrales, ja liebevolles und angstfreies Verhältnis, so wie zu jedem anderen Engel auch. Ich war von klein auf eingebettet in die liebende, sanfte Geborgenheit und Fürsorge meiner Eltern und in die liebevolle Energie aller Engel und von Jesus, der für mich gleichbedeutend mit Gott war.

Wann immer ich etwas von dem Erzengel Aannathas Lichtträger (damals noch *Luzifer*, seinen göttlichen Namen erfuhr ich erst beim Schreiben des Buches) vernahm, und es war das erste Mal in der Schule, war ich sehr erstaunt, ja fast entrüstet, über die furchterregende Rolle eines Engels als Hüter der Hölle und die des leibhaftigen Teufels, die ihm zugedacht war.

Alles in mir wehrte sich schmerzvoll dagegen, einen Engel Gottes, eines dieser liebevollsten, weisesten und lichtvollsten Geschöpfe aller Welten und Himmel, als göttlichen Verräter, Verführer und verruchten Bösewicht zu sehen und als solchen anzuerkennen.

Nein, alles Gefühl, alle Liebe in meinem kleinen Herzen konnte diese angebliche Wahrheit nicht akzeptieren. Denn ich *wusste* es einfach. Es war ganz klar in meinem Herzen und meinem Denken. Der liebe Gott würde uns, die wir doch seine Kinder sind (ich war noch ein Kind), weder verführen lassen wollen noch in eine so abscheuliche Hölle von einem noch abscheulicheren Ungetüm verbannen, vor allem doch niemals süße, kleine, unschuldige Babys!

Schmorend im Feuer mit unsagbarer Pein, weil ungetauft, von Gott verlassen und bestraft, so sagte mir mein kindliches Gespür

14

mit absoluter Gewissheit – und Kinder, so wissen wir alle, sagen und fühlen die Wahrheit intuitiv –, das war nie und nimmer Gottes Wahrheit! Der Gott, den ich in meinem Herzen fühlte, liebte seine Kinder unendlich, schützte und behütete sie. Aber er schenkte ihnen Freiheit im Denken und Tun. Das wurde mir später im Leben in aller Klarheit bewusst.

Als sich mir das in der Schule durch den *Engelfall* aus der Bibel in jeder Einzelheit erschließen sollte, hallte laut ein ganz klares *Nein, niemals* in mir. Dieses *Nein* trug ich sodann immer klarer werdend in mir. Es war niemals eine Frage für mich, ganz gleich, was durch die Kirche gelehrt und behauptet wurde. Für mich war (damals noch) Luzifer, so wie sein Name es bestätigt, der *Licht-Träger* und insbesondere *Gottes erster Licht-Träger*.

Die Geschichte des Engelfalls selbst zeigt auch auf, dass dieser *verderbte Luzifer* erst aus der Geschichte von Babylon hervorgegangen war. Wie so oft schon geschehen, war von unwissenden und angstvollen Menschen aus irdischer Wirklichkeit eine mit Neid, Hass und Angst versponnene Geschichte, später eine Fabel, alsdann ein Mythos und letztendlich eine *himmlische Wirklichkeit* erschaffen worden…!

Sie fand alsbald Eingang in heilige Bücher, die den Menschen helfen sollten, sich selbst und die Welt zu verstehen.

Da die Menschen das viele Elend, das Böse und das Ungemach auf Erden nicht als *selbstverschuldet* gelten lassen konnten, war natürlich ein böser Belzebub genau das Richtige. Außerdem war er ein geniales Druckmittel, um die Angst der Menschen zu schüren und sie dadurch zu lenken.

Das verstand ich schon sehr bald in meinem Leben. Mehr und mehr durchschaute ich das Treiben im Namen Gottes und machte mir meine eigenen Gedanken darüber.

So diente aber in letzter Konsequenz dieser angeblich böse, verführende Luzifer (Lichtträger) den Menschen, um sich selbst und die Welt zu verstehen. Und Erzengel Aannathas Lichtträger nahm mit aller ihm von Gott verliehenen Kraft, Weisheit und Liebe die Schmach und alle Verleumdung hingebungsvollen Herzens auf sich, um Gott und den Menschen zu dienen.

Das war es, was mir mit der Zeit immer klarer wurde. Und so schwang in meinen Gedanken immer wieder und immer lauter Erzengel Aannathas Lichtträgers Botschaft – die Botschaft der einzigen Wahrheit Gottes: dass Gott ein *Gott der Liebe* ist und dass dieser Gott seine Kinder immer in seine offenen Arme nahm und nehmen würde, voller Verstehen, voller Vergebung, voller Aufnahme, voller Trost und voll unendlicher Liebe.

Denn er hatte uns nur Engel geschickt.

Und so berief mich Erzengel Aannathas Lichtträger im März 2010, seine Botschaft niederzuschreiben. Ich sah ihn in einer Meditation. Es war überwältigend. Er stand in seiner ganzen Schönheit und strahlenden göttlichen Macht des opal-violett-goldenen Kristall-Lichts vor mir. Dieser strahlende und von Liebe durchwirkte Erzengel schaute mich nur an, sagte kein Wort und hielt mir seine Hände entgegen, in denen er ein hell leuchtendes, alles durchwirkendes Licht hielt. Und ich wusste sofort, dass er es war: *der Erste Engel Gottes, Aannathas Lichtträger, genannt Luzifer, der höchste Licht-Träger im Universum.* Mit untrüglicher Sicherheit wusste ich auch, was er mir mitteilen wollte. Er musste es mir nicht sagen. Von Herz zu Herz wurde diese Botschaft übertragen.

Endlich war es soweit: Die göttliche Wahrheit sollte nun gehört werden, denn die Ängste der Menschen würden wie Schmutz und Staub langsam verwehen in den himmlischen, klärenden Winden des Neuen Zeitalters, die die Seelen durchwirken würden, damit sie erwachen konnten.

Er würde mich führen und lenken. Und ich sollte alle Bedenken loslassen und auflösen, die in mir hochkamen und mich doch noch ein Stück weit zweifeln ließen und beeinträchtigen wollten, was ich gar nicht mehr vermutet hatte. Ich sollte alle angstvollen Bedenken loslassen, in seine Hände geben, denn er wäre ständig an meiner Seite.

So hat mich Erzengel Lucifer, „lux ferres, der Lichtbringer", gerufen, und er teilte mir seinen wundervollen göttlichen Namen mit:

Aannathas Lichtträger „Gnade Gottes". Und ich schrieb nieder, was er mir übertrug. Voller Freude und Neugier. Denn immer ist es wunderbar zu hören, was Engel uns zu sagen haben. So flüstert Aannathas Lichtträger in jedes offene Herz: „Haltet die Uhren an, denn keine Zeit wird euch mehr treiben und peinigen. Macht euch die Zeit zu eurer Verbündeten, indem ihr ‚Stille in der Zeit' für euch erschafft. Erkennt, dass die Zeit der ‚irdische Schlüssel' für jeden von euch ist. Doch immer ist es ausschließlich ein persönliches Projekt, das jeder von euch nur allein bewerkstelligen kann. Seid ihr aber dazu bereit, ist alle himmlische Hilfe an eurer Seite. Beginnt ihr also das ‚Projekt der Stille für euch' durch Achtsamkeit, Zurücknahme und Geduld, wird die Stille euch alles eröffnen: was ihr seid, was ihr jemals wissen wolltet, was ihr braucht, allen Schutz, eure Vision und alle Liebe Gottes. Lasst so die Zeit eure Retterin sein, weil i-h-r bestimmt und niemand sonst!

Freut euch, denn die Zeit des Erwachens hat unabdingbar begonnen. Multidimensionalität, die euch jetzt unendliche, neue geistige Informationsfelder aktiviert und geöffnet hat, wird eure Zukunft bestimmen. Jeder kann so sofort bewusst seine Realität erschaffen. *Achtet auch darauf, dass Entfaltung immer auch Entscheidung bedeutet.*

Versteht, dass die Zeit des Opfer-Seins endgültig vorbei ist. Versteht, dass ihr hier seid, um eure Seelen zu heilen, nicht um noch mehr Materie oder Wissen anzuhäufen. Was ihr wissen müsst, kommt von selber zu euch. Versteht, ihr seid Resonanzkörper, und die aktuelle Zeitqualität schenkt euch die Resonanz zum reinen Bewusstsein. In Leichtigkeit lässt sich deshalb jetzt jedes Lebensproblem lösen. Nutzt diese gute, Wunder-volle Zeit.

Versteht, dass die Zeit deshalb jetzt schneller läuft, was ihr als hektisch und stressig empfindet, damit mehr gelöst und erlöst werden kann – denn alles Karmische ist an die Zeit gebunden und muss so in der Zeit bearbeitet werden.

Versteht, dass ihr der Hektik und dem Stress entgegenwirken könnt, denn durch Vertrauen, Geduld, Ruhe und Stille verlangsamt ihr die Zeit wieder und empfindet sie eher als wohltuend und heilbringend. Lebt eure Schöpfermacht. Es ist an euch, die Zeit zu aller Zeit zu lenken!

Versteht, dass ihr ohne meine Schatten euer Licht niemals sehen könnt. Versteht auch, dass ihr mein göttliches Licht der Liebe in vergangenen Zeiten nur als Schatten wahrnehmen konntet, denn eure Wahrnehmung war getrübt und verschleiert. Jetzt aber ist sie geklärt und rein und ihr könnt, wenn ihr wollt, mein Licht als die unendliche Liebe Gottes „erkennen".

Könnt ihr nun verstehen... und glauben, dass Gott euch allen nur Engel sandte?

Glaubt, denn nur wer glaubt, ehrt sein eigenes göttliches Erbe. Glaubt, die ihr alle aus Gott geboren seid wie ich: alle Engel, alle Menschen, Alles-Was-Ist. Glaubt, dass jeder bedingungslos von eurem Einen-Gott-der-Liebe und des Eins-Seins geehrt, geachtet, geführt, geschützt und geliebt ist.

Versteht, ihr Kinder des Lichts, dass meine bedingungslose Liebe euch gehört seit Anbeginn aller Zeit und dass mein ganzes Sein unser aller Gott-Vater-Mutter-Kosmischem Geist und seinen Lichtstrahlen, die ihr seid, diente und immer dienen wird – bis wir alle einst verschmelzen im ewigen Kristall der Gottesliebe.

Ich, Erzengel Aannathas Lichtträger, trage euch währenddessen auf meinen Flügeln des Lichts und meine Liebe hüllt euch ein mit tiefster Hingabe. Glaubt.

Ich segne euch im Namen des Einen-Gottes-aller-Menschen und Allem-Was-Ist, Gott-Vater-Mutter-Kosmischem Geist. Geht mit Frieden, Freude, Freiheit und Mut im Herzen.

Ich liebe euch unendlich.

Aannathas Lichtträger

Meine Einweihung, mein Weg
von Ursula Frenzel

Nachdem ich dieses Werk mit Hilfe von Erzengel Aannathas Lichtträger beendet hatte, es noch einmal überdachte und überarbeitete, forderte mich Aannathas Lichtträger liebevoll auf, mein Geheimnis, das ich bisher fast niemanden offenbart hatte, den Menschen mitzuteilen (Ich hatte bisher die Befürchtung, man könnte mich für verrückt halten. Doch jetzt ist das Bewusstsein der Menschen durchlässiger und freier geworden, sodass sie verstehen und glauben können, wenn sie wollen). Aannathas Lichtträger versicherte, es würde ihnen helfen, sich selbst und Gott mehr zu vertrauen. Daraus würden sich für sie neue, lichtvolle Wege eröffnen, denn die *göttliche Wirklichkeit*, die mir geschenkt war und die sie jetzt erfahren könnten, würde sie stärken und eine neue Dimension des Denkens zulassen.

Das leuchtete mir ein und so entschloss ich mich, meine spirituelle Geschichte zu erzählen. Sie ist so wie beschrieben geschehen. Und jeder, der mich kennt, weiß, dass ich bodenständig, klar, wahr, rein und ehrlich bin und dass ich *fest* mit beiden Beinen auf der Erde stehe, mein Kopf und mein Herz aber, nach besten Kräften, im *Himmel* und mit den *Engeln* wandeln.

So erzähle ich nun mein Geheimnis aus reinstem Herzen und all meiner Liebe für euch.

Als sich mein irdischer Lebensweg den Engeln Gottes wieder intensiv und greifbar öffnete (Gott, seine Engel und Jesus waren immer wichtig für mich), war ich am Tiefpunkt meines Lebens angelangt, der mich aufs heftigste erschütterte, aber gleichzeitig auch veranlasste, innezuhalten und mein Leben zu überdenken.

Eine wunderbare Inspiration meiner Seele hatte mich bereits einige Zeit vorher erreicht, denn ich hatte eine Reiki-Ausbildung begonnen, die mich mir selbst näher brachte, die mir aber vor allem innere Ruhe brachte, in der ich mich – und mein Handeln – anschauen konnte.

Was ich dann sah, erschreckte mich zutiefst. Was ich schon lange *wusste*, durfte sich nun in Klarheit offenbaren und forderte von mir eine Kehrtwendung in allen Lebensbereichen.

Lange Zeit war ich nicht bereit gewesen, hinzuschauen und ließ mich treiben vom Alltagsstress. So hatte sich aber auch eine kraftvolle Energie angesammelt, die mir dabei half, endlich entscheidende Schritte einzuleiten, die mein Leben wieder in eine lebenswerte Normalität bringen sollten. Gut, dass ich damals noch nicht wusste, dass das alles ein längeres Unterfangen würde! Allerdings erkenne ich, schaue ich heute zurück, dass mir dieser lange Weg kostbare Weisheiten schenkte. Und dass ich *die* heute nicht *missen* möchte, wie unendlich schwer der Weg auch manchmal war!

In dieser für mich angstbesetzten und oft unlösbar erscheinenden Problemzeit stützte mich das Arbeiten mit Reiki (jap. Rei=universelle Ki=Lebensenergie). Gleichzeitig führte mich mein Schutzengel in eine Meditations-Gruppe, in der ich mich ganz liebevoll aufgenommen und geführt fühlte.

Auch meine Schwester Claudia beschäftigte sich seit einiger Zeit mit Engeln und gab mir ein Buch zu lesen, das mich zutiefst berührte. Es bestätigte mich, denn seit ich mich intensiv mit Reiki und Meditation beschäftigte, begann ich zu *sehen*, was für mich erst erstaunlich, dann aber auch wundervoll war.

In diesem Werk schrieb eine namhafte Engelbuch-Autorin, es sei möglich, wenn man es in seinem Herzen wahrhaft fühle, die Engel darum zu bitten, auf Erden als *Medium* wirken zu dürfen.

Das zu lesen, war für mich aufregend und berührend, vor allem weil mir Engel von der Kindheit an sehr nahe waren, weil sie, so wusste und fühlte ich, immer bei mir waren, weil ich immer mit ihnen sprach und sie seit einiger Zeit *sehen* konnte.

Also formulierte ich die Bitte und meine Bereitschaft liebevoll und legte sie in die Hände der Engel und… vergaß sie.

Mein Leben sprudelte und wirbelte weiter wie ein reißender Strom, aber ich betete und das mir half sehr. Es gab mir Halt und Kraft.

So betete ich vor allem abends, wenn ich auf meiner Couch lag, bevor ich einschlief.

Eines Abends, als ich wieder betete und meine Hände dabei auf dem Solarplexus, dem Sitz des *Ich Bin* (3. Chakra, über dem Nabel) liegen hatte, trug sich Folgendes zu:

Plötzlich, ja blitzartig, schoss ein *Energie-Strahl* wellenförmig in und durch meinen Kopf, weiter durch meinen ganzen Körper bis zu den Füßen und dann wieder zurück. Und nochmals und nochmals… Ich weiß nicht mehr wie oft.

Es war ein unbeschreiblicher Schmerz, es war *Feuer*, das mich zu verbrennen drohte und mich zu einer einzigen *Welle* werden ließ. Ich wusste nicht, was das bedeutete. Ich konnte nicht denken, ich wollte hoch, ich wollte schreien und Hilfe holen. Doch ich war wie gelähmt. Das alles dauerte scheinbar nur Bruchteile von Sekunden, und so schnell und urplötzlich, wie es gekommen war, war es auch schon wieder weg.

Ich war vollkommen erschöpft, aber bei vollem Bewusstsein und weiß mit Sicherheit, dass ich wach war. Ich schlief aber anschließend sofort ein. Mein Schlaf war tief und traumlos und ich erwachte am nächsten Morgen mit klaren Bildern, einem schwer definierbaren Gefühl und einer vollständigen Erinnerung des unbeschreiblichen Geschehens vom Vorabend.

Sofort rief ich meine Schwester an und berichtete ihr davon.

Sie sagte: „Wunderbar, das ist doch völlig klar… Die haben dich eingeweiht!"

„So? Eingeweiht?"

Ich war erstaunt über ihre prompte und klare Information. Sie war wohl auch von Engeln geführt in diesem Augenblick, denn erst da wurde mir klar, was mir widerfahren war: Die Engel hatten die

Bitte und meine Bereitschaft erhört und hatten mich wohl *energetisch* eingestellt.

Im Nachhinein freute ich mich sehr darüber. Ich konnte den Schmerz über der Freude schnell vergessen und fühlte mich von den Engeln sehr angenommen und erhört.

Wochen vergingen und ich lernte meinen Schutzengel immer mehr kennen, denn ich hörte ihren Namen.

Das war ein Wunder für mich und ich konnte es fast nicht glauben. Es war möglich, einen Engel nicht nur zu *sehen,* sondern ihn auch sprechen zu *hören,* klar und deutlich. Wie unsagbar wundervoll! Wie unsagbar liebevoll und lichtvoll.

So bewältigte ich meine Tage mit Hilfe der Engel trotz der schwierigen Zeit, die mich sehr forderte, sodass ich oft meinte, es nicht zu schaffen. Doch die Engel waren da und ich schaffte *Unschaffbares.*

Eines Abends trug sich wieder ganz plötzlich etwas Gleiches zu: Ich betete, sprach mit den Engeln und ein Energie-Strahl schoss wieder mit unvorstellbarer Heftigkeit wellenartig durch meinen Körper. Wieder brannte Feuer in mir. Mein einziger Gedanke, den ich dieses Mal formulieren konnte, war: ‚Mein Gott, bitte nicht wieder diesen Schmerz!'

Der Gedanke war noch nicht fertig geformt, da hörte der Schmerz schon wieder auf. Ich schlief sofort tief und fest ein und mein Erwachen war genau wie beim letzten Mal.

Wieder rief ich meine Schwester an und erneut gab sie mir die gleiche Information. Erst langsam begann ich zu verstehen. Das alles hatte einen höheren Sinn, den ich aber in seiner Tragweite erst viel später begreifen sollte.

So freute ich mich also erst einmal sehr darüber, denn ich fühlte mich in besonderer Weise von den Engeln und der geistigen Welt gehört, angenommen und berührt.

Und es sollte noch eine weitere Einweihung folgen, die für mich die beeindruckendste und schönste werden sollte. Wieder lag ich am Abend betend auf meiner Couch und die Hände befanden sich wieder, mir selbst Reiki gebend, auf dem Solarplexus.

Da durchflutete wieder ein Energie-Strahl wellenartig den ganzen Körper, doch dieses Mal war es nicht mehr schmerzhaft, sondern ein nie erlebtes *Wohlgefühl von Liebe und Licht, das durch mich durch und um mich herum erstrahlte und floss.* Dabei fingen meine Hände an, von mir unkontrollierbar, zu vibrieren, und ich sah, wie sich mein Solarplexus zu einem hell strahlenden Wirbel aus Licht öffnete. Die Hände schienen von ihm magnetisch angezogen zu werden und mit dem 3. Chakra in Licht zu verschmelzen.

Es war unbeschreiblich schön anzusehen. Alles war nur noch Energie, Liebe und Licht. Ich schwebte und schwang in diesem Licht der göttlichen Liebe und wurde *eins* mit ihm, wurde durchwirkt von Kristallen und Licht-Farben. Es war ein *Wunder* und ich mitten drin! Auch heute nach so vielen Jahren fällt es mir nicht leicht, diese himmlische Magie und Harmonie, diese lichtvolle, göttliche Macht und ihre himmlische Liebe, dieses Gefühl in der Herrlichkeit Gottes zu schwingen und von ihr vollends durchwirkt zu werden, zu beschreiben. *Es ist für mich noch heute ein großes Wunder.*

Eine vierte Einweihung sollte noch folgen. Sie war sehr kurz, schmerzfrei und erneut wunderbar. Ein leuchtender Energie-Strahl durchwirkte diesmal allein mein Herz. Ja, ich hatte die geistige Welt verstanden!

Mein Leben war fortan ein anderes. Mein Vertrauen ging tiefer, meine Liebe wurde umfassender und meine Bewusstheit höher. Mein Glaube an Gott, an seine Helfer, die Engel, an seine All-Macht, seine ewig-gerechte Göttliche Waage und seine unendliche Liebe waren unerschütterlich geworden.

Mein neues Leben zeichnete sich langsam ab. Erste Engel-Stunden, mediale Beratungen, Reiki-Einweihungen und Meditationen bestimmten den Alltag. Die Engel leiteten mich an, Seminare und Workshops zu halten, was die Menschen der geistigen Welt näherbringen sollte. Nur zu gerne folgte ich diesem Ruf des Herzens.

Alsbald begann ich auch, Verstorbene zu sehen und ihnen verstehen zu helfen und vielen Menschen zu helfen zu verstehen. Sich selbst und Gott.

Die Engel führten mich weise. Sie führen mich auch heute immer wieder weise und voller Liebe. Und ich fühle mich voller Liebe für sie und alle Menschen-Wesen und die gesamte göttliche Schöpfung, denn mir war mit diesen Einweihungen so Wunderbares geschenkt worden, dass es mir an Worten ermangelt, es achtsam genug beschreiben zu können.

So geschieht es auf Erden mit uns Menschen, wenn Gott uns fühlbar berührt, weil wir uns öffnen. Wir werden still.

Aannathas Lichtträger:
Meine Göttliche Botschaft

Aus tiefstem Herzen grüße ich, *Erzengel Aannathas Licht-träger, Krone der Engel und Erster Engel Gottes,* dich und bin voller Freude, dass du bereit bist, meine göttliche Botschaft zu hören, denn sie ist auch deine, und dass du sie verinnerlichst.

Es ist die Weisheit und einzige Wahrheit der Göttlichen Ur-Quelle und die Essenz jeder Seele auf der Erde und in allen von Gott geschaffenen Welten und Systemen:

Eins-Sein in Liebe mit Gott, mit allen seinen Schöpfungen und sei-ner allumfassenden, bedingungslosen Liebe, die weder Schuld noch Ur-teil kennt. Durch Erkennen der eigenen Wahrheit freiwillig erbrachte Sühne der Seelen. Annehmen der eigenen Schöpferkraft und Macht, um Gott zu ehren und ihn in dir selbst zu entfalten sowie zu schwingen in der göttlichen Weisheit, die sich durch freudvolle Wiedergeburt ins Licht erfüllt. Denn jede Seele ist göttlich, somit unsterblich und ewig.

Bist du bereit für diese *einzige Wahrheit*, so wird dein Leben ab jetzt ein *neues* sein. Ein solches, nach dem sich dein Wahres Ich seit Anbeginn sehnt.

Vieles, was du jetzt liest, wird dich vielleicht in Konflikte stür-zen. Den einen in größere, den anderen in kleinere. Doch lass dich davon nicht entmutigen. Denn es ist vollkommen normal. Hast du doch das irdische, meist noch von Angst durchdrungene Wissen deiner altgelebten Leben in deinen Zellen gespeichert. Denn die Welt, in die du dich freiwillig inkarniert hast, ist eine reine *Erfah-rungswelt.*

Aber ebenso ist in deinen Zellen die göttliche Wahrheit der be-dingungslosen und allumfassenden Liebe gespeichert. Und so kann und wird dir nichts geschehen. Außer dass du voller Freude endlich deine Freiheit gewinnst. Nicht nur Freiheit, sondern auch wahre Sicherheit, Fülle, Erfüllung und die Weisheit, dass alles, was du je erfahren und erlebt hast, einem höchsten universellen Sinn und dir selbst diente. Und dass aller Dienst entlohnt wird durch Gottes Liebe.

So hat das von mir berufene Medium alle irdischen Fakten zusammengetragen, während sie von mir geführt wurde. Meine Geschichte, meine Wahrheit und mein irdischer Werdegang liegen lange zurück und manches scheint undurchsichtig, weil sehr menschlich. Und doch, liest du es aufmerksam, wirst du die Wahrheit darin erkennen.

Meine Wahrheit werde ich euch nach und nach erläutern. Ich zeige euch aber ebenso die göttliche Wahrheit und die der *Unsterblichkeit jeder Seele,* da das zu meiner göttlichen Aufgabe für euch gehört. Auch über Schuld, Urteil, Vergebung und Sühne werde ich zu euch sprechen und über die *Opferrollen,* die ihr Menschen seit Jahrtausenden zu eurem *Schutz* gewählt habt. Und wobei ihr außer Acht gelassen habt, dass diese euch in tiefste Tiefen und dunkelste Finsternis stoßen.

Solltest du manches noch nicht verstehen, so habe Geduld mit mir und dir. Und solltest du manches einfach nicht annehmen können, weil es dir absurd, fremd, unmöglich oder falsch erscheint, so bringe wiederum Geduld und Gelassenheit auf. Denn wenn du die einzige *göttliche Wahrheit* noch nicht greifen kannst, selbst wenn du dieses Werk bis zu Ende gelesen hast, so lass die Zeit für dich arbeiten. Denn sie ist außer uns Engeln deine nächste und beste Verbündete. *Vergiss das bitte nie.*

Die Zeit, die ihr auch als die *4. geistige Dimension* bezeichnet und die das göttliche Prinzip des *Wir* und seine Gesetzmäßigkeiten als Informationsfeld in sich trägt, wird dir die Wahrheit immer eröffnen. Denn sie gibt dir und deinen Geschwistern auf Erden die Möglichkeit, in ihrem kosmischen Licht-Raum zu agieren, zu reagieren und zu verstehen: dich selbst als ein *Ich* und das Du als ein *Wir.*

Somit wirst du alles um dich herum verstehen, bringst du Geduld mit dir, mit mir und den anderen auf. Du hast die Chance, nutze also die Zeit.

Sie gibt euch allen die Möglichkeit, meine Botschaft zu verstehen. Hab also Geduld und geh voller Liebe mit dir und mir um. *Auch fühle und höre ich deine Gedanken*, während du liest, und je nachdem, was du an Hilfe von mir brauchst und erbittest, das werde ich dir geben.

Wir werden also gemeinsam dieses Geschenk der unendlichen Freuden erschließen. *Ich Bin* dabei immer an deiner Seite, denn Ich Bin ein Teil von dir. Ganz gleich, was du über mich denkst. Meine Hand ist immer offen, um deine zu halten. Auch wird sich dir nur *soviel* von meiner Botschaft erschließen, wie du *bereit* bist, zuzulassen.

Immer bist du der Schöpfer deines Lebens, somit auch der, der annimmt, versteht oder verstehen will. Und es ist gut so, wie du es für dich wünschst. Ich freue mich über jeden *freien* Gedanken, den du zulässt, denn dann bist du auf dem Weg der Heilung.

Das Wichtigste wird für dich der tiefe Wille sein, dich selbst zu fühlen, in dem du dir Stille, Raum, Achtsamkeit und Liebe entgegenbringst.

Fühlst du dich, deine Emotionen, deine Gefühle und nimmst du wahr, wo und wie du stehst in deinem Leben? Dann ist die Zeit gekommen, um alle Begrenzungen und Muster aufzulösen, alte Bilder durch neue zu ersetzen und Glaubenssätze zu überdenken mit der Energie des Herzens, was weder Zwang, Manipulation noch Verbote oder Eingrenzungen jedweder Art kennt und vorgibt. Allein Liebe, Mitgefühl, Güte, Barmherzigkeit, Bedingungslosigkeit und Achtsamkeit sind des Herzens wahre Werkzeuge. Das solltest du dir klarmachen. Du solltest auch nicht nach anderen schauen. Lerne *dein eigenes Ich* zu fühlen und wahrzunehmen.

Lerne damit umzugehen, denn du bist dein eigener Meister. Versuche nicht mehr, den Wegen anderer Meister zu folgen, sondern nimm vielleicht Impulse von ihnen auf, aber finde deinen eigenen

Weg. Jeder Mensch ist ein *strahlender Kristall,* der alles Göttliche in sich trägt. Mache dir klar, dass du Mit-Schöpfer bist von Allem-Was-Ist. Immer und zu jeder Zeit. Du warst es immer. Verstehe, wenn du bereit bist, die Wahrheit über dich selbst zu erkennen, werden sich alle Schleier des Vergessens auflösen und damit auch alle deine Ängste und Schmerzen, denn Gottes Gnade ist immer in dir.

Um diesen Schritt in die Heilung zu erleichtern, suche immer wieder den Ort der Stille in dir auf. Er ist in deinem Herzen, dort, wo die ewige Göttliche Flamme brennt, dieses Licht der unendlichen Liebe in dir, die *Gott* ist.

Verbinde dich bewusst mit dieser goldenen Flamme, lass den goldenen Strahl fließen, dich einhüllen, aus dir heraus sich ausdehnen, und er wird dich tragen, schützen, lenken und lieben. Nutze deine so wundervolle Kraft und vertraue darauf, dass du vor allem *dir vertrauen* kannst, denn Gott ist immer in dir und seine Liebe ebenfalls.

Das ist sicherlich nicht nur einen Versuch wert: denn du wirst mehrere brauchen, wenn du nicht schon geübt hast.

Erkenne auch, dass das Einzige, was dich und die Welt heilen wird, Nächstenliebe, Mitgefühl und Versöhnung ist, also Liebe. Doch Nächstenliebe beginnt nicht erst beim *Nächsten,* sondern schon bei dir, und zwar damit, Verantwortung für dich selbst zu übernehmen: für alle deine Gedanken und die daraus folgenden Taten. Das ist der Ablauf der Schöpfung. *Du bist, denkst und tust.* Aber du bist in erster Linie Geist und Liebe, die sich verkörpert haben, um zu erschaffen. Das sollte dir immer gegenwärtig und bewusst sein.

Erinnere dich daran, dass du ein göttliches Lichtwesen bist, eine Seele. Ein Seelenstern. Dass diese Seele aus dem göttlichen Geist und seiner Liebe geboren wurde.

So bist du Geist: über die Gedanken der erschaffende Aspekt und das Höhere Ich, welches durch Inspirationen die Seele anleitet. Gemeinsam bist du damit ein göttliches Schöpf- erwesen, das in seiner Essenz Licht,

Liebe und Geist war, ist und immer sein wird und das in seinem freien Willen, in der Unendlichkeit seines Seins das Allzeit-Göttliche zum Ausdruck bringt.

Geliebtes Kind des Lichtes, sei dir also bewusst, dass du in Liebe schwingender kosmischer Geist bist. Was bedeutet das für dich? Es bedeutet anzuerkennen, dass du grenzenlos bist. Sieh hinauf in den Himmel. Siehst du die wunderschönen Wolken, geschaffen aus Gottes Geist? Wenn du sie greifen wolltest, würdest du erfahren, dass das nicht möglich ist. Denn sie würden durch deine Hände schweben, zwar sanft und zart, aber ohne dass du sie halten könntest. Und doch sind sie eine Kraft, die deine Vorstellungen bei Weitem übertreffen. Denn sie können Welten zerstören, aber auch erschaffen.

Und genau das kannst auch du, mit der Kraft deines Geistes: denn er ist göttlich.

Wenn du dir jetzt klarmachst, welche Kräfte in dir ruhen, lässt dich das nicht sehr still und nachdenklich werden? Und so sollst du auch sein. Bei allem, was du in Zukunft denkst, fühlst und tust: ruhig, geduldig, ehrlich, achtsam, nachdenklich, bescheiden, mitfühlend und stark. Vor allem aber wertfrei. Dann bist du *göttlich*. Dann bist du in der Liebe, die die reinste göttliche Essenz ist.

Und dann denke noch grenzenlos. Erhebe deine Gedanken über alle Mauern, hebe sie hinauf in den Himmel, und du wirst keine Grenzen mehr sehen. Bei Gott gibt es keine Grenzen, so setze auch du dir keine. Denn du brauchst sie nicht und hast sie nie gebraucht. Was andere dir dazu sagen, vergiss es, lass es hinter dir und finde deine eigene Wahrheit.

Denn Gott und seine Welten, der Himmel, wir Engel, der Kosmos und seine Liebe sind grenzenlos. Ich weiß, dass du mir jetzt glaubst, dass du weißt, was ich meine.

Die Wissenschaftler haben schon Großes erreicht. Doch verglichen mit dem, was du noch nicht weißt, ist das nur ein Tropfen in allen göttlichen Meeren der Unendlichkeit und Weisheit, die deine Vorstellungskraft jetzt nicht erbringen muss – denn Engel sind an deiner Seite.

Freue dich viel mehr darüber, dass es noch so vieles gibt, was deine Seele noch ergründen darf, ja, welche Schönheiten du noch finden und erblicken kannst. Denke immer daran, dass diese Welt, in der du jetzt lebst, *endlich* ist, doch dass du *unendlich* bist.

Du bist ein Kind Gottes, ein *Göttlicher Funke*, durchwirkt von Gottes Weisheit und deshalb grenzenlos, genial, Licht und Liebe. Bedenke, dass Gott in dir wohnt, so wie du in Gott, zu jeder Zeit.

Gott ist aber auch ewiger Raum, ewiges Licht, ewige Liebe, formlos und neutral, in dem alles entstehen darf, in dem sich jeder deiner Gedanken ausdehnen darf, so groß, lichtvoll-mächtig, liebevoll, weise und heilbringend, wie auch immer du es für dich bestimmst.

Fülle und Erfüllung sollst du allzeit für dich und das Göttlich-Ganze erschaffen, denn du bist göttlich und das ist dein Auftrag.

Nimm den Umstand, die Wahrheit der Einzigartigkeit deiner göttlichen Seele an, damit dein Leben Heilung erfahren kann. Lass dir von nichts und niemand anderem diktieren. Du wirst von mir die „göttliche Wahrheit" erfahren und *bestätigt* bekommen, denn sie *ruht immer* in deinem Herzen. Und du wirst erkennen, dass sie niemals urteilt noch Schuld zuweist, sie wird nie von Fehlern erzählen, sondern nur von Chancen des Wiedererkennens und dem Erleuchten in unendlicher Liebe, Annahme und Versöhnung.

Niemals wird sie über *Mängel* oder *Dummheit* sprechen, über Unzulänglichkeiten deinerseits, noch wird sie verdammen oder dich von Gott trennen. Sondern sie wird dich stärken, klären und dir ein unbeschreibliches Wohlgefühl, Freiheit, Friede, Freude und Glück bescheren.

Sie wird dich aber auffordern, dich liebevoll gegen jeglichen Widerstand als *göttlich anzuerkennen*, frei von Schuld und Erbsünde, sodass du in Klarheit deine eigenen Kräfte in dir finden kannst: Du darfst glücklich und auch stolz darauf sein, dass du der ganz eigene Lenker deines universellen Seins bist, warst und immer sein wirst – ohne jeglichen zwingenden Einfluss, Dogma, Zwang, Abhängigkeit von außen, eventuelle *Manipulation* durch Obrigkeiten, die dir vielleicht sagen wollen, dass Gott nur durch bestimmte Umstände zu erreichen ist oder durch das Einhalten von menschlich erbrachten Regeln und Bestimmungen. Denn Gottes einzige Regel heißt *Liebe*. Oder die dich vielleicht gar zum Sünder stempeln wollen. Lass solches nicht mehr zu. Fühle da hinein und höre dein Herz, denn hier spricht deine Seele, dein w*ahres Höheres Selbst*.

Aber ich sage dir auch, *kämpfe* nie gegen vermeintliches Unrecht oder Dogma, denn damit stärkst du es lediglich. Sondern handle *göttlich:* Setze es lieber in Licht und Liebe, ziehe dich liebevoll zurück mit sanften, gerechten Worten des Friedens auf deinen Lippen und gehe deinen Weg nach deiner eigenen Wahrheit. Und wisse immer, dass du Gott zu jeder Zeit und an jedem Ort erreichen kannst – ohne *Vermittler*, nur durch deine Hingabe, dein Vertrauen und deine Liebe. Erinnere dich dabei: Allein die Liebe ist die stärkste, vollkommenste Macht auf Erden und im Universum, und allein die Liebe wird lösen und siegen.

Vertraue. Ich liebe dich.

Aannathas Lichtträger

Einweihung in die Licht-Essenz
der 5. Dimension

Geliebte Kinder des Lichts! Die Einweihung hat viele Formen. *Das Leben auf Erden ist eine wichtige davon.* Ihr habt jetzt diese voller Mut gewählt und mein göttlicher Auftrag ist es, euch dabei zu begleiten, auf Schritt und Tritt.

Jeder von euch ist geboren aus dem ewigen Sein Gottes, seinem universellen Geist und seiner allumfassenden Liebe. So seid auch ihr ewig unabänderlich Liebe!

Und je mehr ihr Liebe lebt, je mehr ihr das ewige, göttliche Licht zulasst, diese ewig aus sich selbst schöpfende Kraft *in euch*, umso mehr erkennt ihr die göttliche, eure eigene Wahrheit.

Sie ist die aus sich selbst strahlende Licht-Essenz des ewig göttlichen Eins-Seins und seiner geistigen Essenz des Bewusstseins der bedingungslosen, allumfassenden Liebe.

Das zu glauben und alsdann zu *wissen*, ist die *wahre Essenz der Göttlichen Weisheit*, die ihr auf euren facettenreichen Schöpferwegen verloren habt. Sie wiederzufinden und zuzulassen, ist euer allergrößter Wunsch und eure tiefste Sehnsucht, auch wenn das vielen von euch nicht bewusst ist.

Planetare Bewusstheit des Kosmischen Geistes wieder zu erlangen, sich selbst zu ermächtigen als Schöpfer allen Seins und Werdens, der göttlichen Präsenz im irdischen Leben durch Entfalten der eigenen Kreativität gerecht zu werden und im Herzen entsprungener Bewusstheit der Liebe für Alles-Was-Ist zu wirken, ist die *Vision jeder Seele auf der Erde* wie auch in den himmlischen Ebenen des Lichts.

Zum Zwecke der eigenen Bewusstwerdung und Klärung des *Wahren Seins* ist jede Vision für euch Menschen auf Erden deshalb immer eingebunden in Herausforderungen und Veränderungen, die damit beachtliche Lebenswandlungen anstoßen und bewirken.

Große Erschütterungen und mitunter großes Leid *klären* dabei – bei liebevoller Annahme dieses Umstands – einen verwässerten, starren, engen Verstandesgeist zu einem höheren, klaren, bewussteren Geist, der fortan nicht nur seine eigene kleine und selbstsüchtige Welt erkennt und erschafft, sondern das Ganze, das Eins-Sein in Gott, Welt und Kosmos im *Licht der Liebe* und des *Mitgefühls* zulässt und lebt.

Allein so wird eine neue Daseinsqualität errungen, eine *Bewusstseinserhöhung*, die die ganze Existenz, Lebenssicherheit und den Lebenssinn eines Menschen in neuem Licht erscheinen lässt: *denn jeder von euch ist immer nur die Summe all dessen, was er je erschaffen, erfahren, erkannt und gelebt hat.*

So erschafft sich jede Seele in jedem selbst gewählten Sein in den göttlichen Welten immer wieder aufs Neue. Sie gebiert sich immer wieder selbst in neuem Bewusstsein, das die Art ihres momentanen Lebens erbringt, und speichert das in ihren Lichtfeldern, der Aura.

Jetzt ist auf der Erde die *Zeit der wahren, gelebten Liebe* angebrochen, die als Ernte für jede Seele die Erlösung und Erleuchtung bereithält. Die unsterblichen Seelen – die ihr alle seid – erinnern sich jetzt bewusst ihrer wahren Göttlichkeit und an das Geschenk der Göttlichen Gnade, die allzeit in ihnen wirkt, und streben eine Geburt in eine höhere Ebene der Wahrnehmung an: in das allumfassende *Opal-Kristall-Bewusstsein der Göttlichen Liebe.*

Das ist die Licht-Information der 5. Dimension. Und das wird und kann von euch über das menschliche Bewusstsein der Liebe und der *aktiv* gelebten göttlichen Schöpfer-Macht ausgedrückt werden.

Mit dem bewussten Eintritt mit Geist und Herz in die 5. Dimension, die eine reine feinstoffliche Strahlungsdimension ist, in der sich höchste Licht-Wesen, *Engel-Sternen-Meister*, bewegen und agieren, kann das verlorengegangene Quellen-Bewusstsein der Liebe *in seiner Gänze* wieder erkannt und genutzt werden.

Diesen Eintritt vollzieht ihr also täglich, wenn ihr bewusst Licht und Liebe für Alles-Was-Ist lebt!

Alle feinstofflichen geistigen Dimensionen durchdringen sich stets. Sie sind also immer und überall vorhanden. Daher befinden sie sich auch ständig in den *Auren* aller Seelen und können durch allumfassend und bedingungslos gelebte Göttliche Liebe genutzt werden, die *allein einen Erleuchtungsprozess* beginnt und entfaltet.

Das Bewusstsein eines Menschen kann sich so zunehmend *transzendieren*: Die Öffnung des Dritten Auges beginnt. Telepathie, Hellfühlen, -sehen und -hören entfalten sich nach und nach von selbst.

Ein Anerkennen, Fühlen und Zulassen dieser göttlichen Licht-Liebe-Informationen bewirkt dabei für jeden von euch ein stetig wachsendes Erleuchten von innen nach außen.

Seelenweisheit und Klarheit des Kosmischen Geistes erfüllen dann den Menschen und er erinnert sich an seine einzige Wahrheit: ein autarkes Geist-Schöpfer-Wesen, frei von Schuld und Ur-Sünde, sowie die Einheit und die Liebe mit Gott und freiwilliger Wiedergeburt zu sein. Denn allein Eins-Sein in Liebe mit Gott und die Wiedergeburt begründen Gottes Ewiges Sein und sind Essenz der Ewigkeit. Die Verschmelzung mit dem Frequenz-Feld des Opal-Kristallstrahls der 5. Dimension beginnt und entwickelt sich stetig weiter.

Geliebte Kinder des Lichtes, das ist euer Ansinnen auf der Erde und es ist immer in das irdische Kleid von Mutter Erde gewandet. Das bedeutet für euch, dass ihr alles, was ihr je wiedererfahren wollt, hier auf der Erde erfahren werdet.

Jedes *Ja* auf euren Lippen, in Verbundenheit und mit Verstehen, Achtsamkeit, Eigenverantwortung und Liebe für alles in der Weisheit eurer Herzen, bedeutet für euch einen Schritt ins Licht und damit in die Öffnung zum *wahren Bewusstsein*.

Jedes *Nein* im Ignorieren eurer Herzensweisheit bedeutet hingegen Schmerz, Trauer und einen Schritt in die Dunkelheit, die jegliches Bewusstsein weiter verschleiert.

Erinnert euch bitte, ihr seid *Licht-Wesen, solare Geist- Wesen, göttliche Wesen* der Ausdehnung und Fülle, die in einem irdischen Körper leben und agieren. Ich weiß, dass das nicht immer leicht ist, aber es ist eine wundervolle Möglichkeit, euer *Wahres Ich* zu entfalten und zu stärken, eure Mitte auszuloten und euch zu transformieren. Begegnet dabei euren Ängsten immer nur mit Liebe!

So lautet euer ganz eigener Seelenplan in letzter Konsequenz immer, die *Ewigkeit in die Zeitlichkeit zu transportieren.* Jeder von euch erlebt jetzt die *Neue Zeit* wie eine erneute Geburt ins Licht, was eine Erinnerung an eure planetare Herkunft einfordert. Geboren wird jeder dabei von sich selbst, immer und immer wieder, Tag für Tag aufs Neue. Da die Zeit aber eine völlig neue transparente Form durchläuft, fühlt ihr euch vielleicht durcheinander gerüttelt, verwirrt und manchmal ziellos.

Das alles ist die Folge der Dimensionsverschiebungen auf der Erde und soll euch keine Angst machen, denn jeder von euch trägt Schlüssel *aller* geistigen Dimensionen in sich. Auch wenn er sie noch nicht nutzen kann. Habt Geduld und Liebe mit euch selbst, denn sie helfen euch mit der Zeit, alles zu öffnen.

Zur Heilung von *Allem-Was-Ist* fließt aus der Mitte der Ur-Quelle Gott seit langer Zeit ein übergeordneter galaktischer, *zweigeteilter Opal-Kristall-Strahl,* der die Informations-Felder des *Gleichklangs und des Zentrierens in sich trägt,* in die Mitte des kristallinen Herzens von Terra-Gaia, der Erde, die damit ihren Aufstieg bedingt.

Dieser Opal-Kristall-Strahl trägt die Möglichkeit der Entfaltung neuen Bewusstseins als göttliches Geschenk in sich, denn seine opale Licht-Struktur trägt höchste Prismen-Anteile in sich, die das Erleuchten allen Lebens auf Erden bewirken. Eine Reinigung und Klärung bis in die tiefsten Zellebenen ist die Folge, Gleichklang und Zentrieren aller inneren Kräfte ist für die irdische Menschheit damit *möglich.* Dieses Opal-Kristall-Licht unterstützt so den geistigen Aufstieg aller Schöpfungen der Erde, so sie bereit sind, sich diesem neuen Bewusstsein zu öffnen.

Den Menschen, die ihre Herzen und ihren Geist geöffnet haben, ist dieser Opal-Kristall-Strahl Hilfe und Impuls, denn seine *potenzierende* Strahlkraft erleuchtet die Auren der Seelen, wodurch

Hellfühlen, Hellsehen und Hellhören – das Geburtsrecht jeder Seele – unterstützt und weiter vorangebracht werden.

Jenen aber, die in ihrer Angst, ihren Dogmen, ihrem Mangelbewusstsein und der Hoffnungslosigkeit verhaftet bleiben, zeigt er schmerzvoll die Ohnmacht der eigenen Tatenlosigkeit auf.

So erkennt, geliebte Kinder des Lichtes, alles, was in diesen Tagen geschieht, sind Auswirkungen der *freiwilligen Transformationen* aller Licht-Wesen-Menschen, auch wenn es vielen noch nicht bewusst ist. Die großen Spannungen und der Druck, den ihr wahrscheinlich wahrnehmt, entstehen durch die *Masse Mensch*, die noch nachhinkt, weil vielleicht Angst, Ohnmacht, Bequemlichkeit, Ignoranz, Unwissenheit oder Absichts- und Tatenlosigkeit sie lähmen.

Da ihr alle verbunden und *eins* seid, spürt ihr natürlich das kollektive Bewusstsein der Angst auf der Erde. Es ist wichtig, dass ihr *täglich* mit eurer Liebe, Mut und Kraft daran arbeitet, Licht durch positives Denken in *euer Leben* und in die *Welt* zu bringen. Negatives Denken lähmt euch, macht euch schwer und ihr sitzt fest. *Kämpft nicht gegen die Dunkelheit auf Erden, sondern erhellt sie mit eurer Liebe. Immer und immer wieder. Das ist jetzt eure Aufgabe, damit alles in Leichtigkeit geschehen kann.*

Geliebte Kinder des Lichts, der Übergang in die 5. Dimension ist ein *kollektives Geschehen*. Die wichtigsten Schlüssel für euch Menschen sind eure Liebe, eure Intuition, eure Intelligenz und die Absicht, eure *göttliche Wahrheit* anzuerkennen.

Eine Transformation – die ein *Transportieren* auslöst – geschieht immer durch freiwilliges, angstbefreites Erkennen eines lichtlosen Umstands oder einer Schöpfung und seiner Wandlung ins Lichtvolle – und das immer durch Handlung. Handlung aber erfordert eine *aktive* Entscheidung.

So transportiert ihr die Ewigkeit in die Zeitlichkeit.

Bedenkt bitte, es ist immer nur die stetige Bewegung der Transformation, die unentwegt Bewusstsein erschafft und so den Kosmos und Alles-Was-Ist in ewigem Fluss hält, der unendlich planetares, universelles Leben und immerwährende Erneuerung bewirkt.

Die 5. Dimension ist die *Frequenz-Ebene* – seid ihr durch Liebe und Erkennen mit ihr bewusst verbunden –, in der eure Gedanken in klarer und weiser Verbindung mit dem Geistig-Göttlichen etwas kreieren. Daraus entfalten sich wunderbare, euch bis jetzt nicht vorstellbare Möglichkeiten von dem, was ihr erschaffen könnt.

Bedenkt bitte, jedwede Transformation beinhaltet für euch immer nur eine Einweihung in eure im Herzen ruhende Göttliche Weisheit. Weil das der Sinn allen Seins ist, geschieht es unentwegt, meist unbemerkt von euch. Denn der einzige Wunsch eurer Seelen ist die Wieder-Einweihung.

Sie kann sich je nach euren Wünschen in heftigen und nur kurzen Zeitabschnitten zeigen, aber sie kann sich auch über endlos lange Leben hinziehen. Vor allem dann, wenn der *Niedere Verstand* einer Seele eine von ihr beabsichtigte Einweihung unterbunden oder ganz abgelehnt hat. Immer tritt dann das *Höhere Selbst* zurück, denn die Seele achtet den freien Willen dieses Menschen. Allerdings bewirkt der Vorgang des Nicht-Annehmens und des Nicht-Hinsehen-Wollens immer unbewusste Ängste, Ohnmacht, Trauer und eine Leere, weil die Lebensaufgabe, der Lebenssinn, verweigert wird.

Jetzt aber erfolgte auf eurem Planeten ein unabwendbarer *Dimensionswechsel*, denn die Erde als ein eigenständiges Licht-Wesen hat das für sich so bestimmt. Ihr alle, die ihr euch jetzt inkarniert habt, wisst das tief in euren Herzen.

Die Erde wandelt sich in eine lichtvollere Gestalt, in einen strahlenden Stern der Göttlichen Liebe. Der Dimensions-Wechsel von der 3. in die 5. Dimension hat mit dem 21. 12. 2012 begonnen und vollzieht sich in den nächsten 26 Jahren eurer Zeitrechnung. Dann werdet ihr große Wandlungen in allen Lebensbereichen erkennen. Es sind bereits alle Licht-Informationen seit längerem in die Aura der Erde eingespeist und damit werden auch die energetischen Anforderungen, die diese Bewusstseinsdimension in sich trägt, eingefordert.

Ihre göttliche, universelle Information lautet: Geist siegt über Materie, was gleichbedeutend ist mit: Geist erschafft und lenkt bewusst alle

Materie. Des Weiteren: Auch Liebe wird siegen und stellt diese beiden göttlichen Aspekte jetzt in den Mittelpunkt allen Strebens und Werdens … und das für jeden!

Erinnert euch, die 4. Dimension, die Wir-Dimension, ist lediglich eine Durchgangs- und Übergangsdimension, die euer Bewusstsein, jedenfalls das der meisten Menschen, schon erfolgreich durchlaufen hat. *Es ist die Dimension der Zeit, welche Träger der Erinnerungen ist,* die euch die Möglichkeit gibt, eure Schöpfungen durch eure Spiegel (das Gegenüber – das Du – das Wir) zu verstehen und zu erkennen.

Es ist nun an euch, bewusst in die 5. Dimension einzutreten, indem ihr eure alten, irrationalen Ängste, überholten Strukturen und starren Regeln überprüft und erneuert und sie wandelt zum Wohle aller und für alles.

Es ist an euch, aus euren selbstgewählten Opfer-Rollen auszutreten und eure mächtig-lichtvollen Schöpferkräfte wieder anzunehmen und voll zu aktivieren. Denn in jedem von euch liegt die Göttliche Vollkommenheit, die euch auffordert, wahrhaftig zu sein.

Es ist an euch, in Ehrlichkeit und Wahrhaftigkeit in eure Leben zu sehen und zu ändern, was dem Wohl eures *Wahren Ichs* und dem Göttlich-Ganzen nicht mehr wahrhaft dient.

Es ist an euch, mutig Dinge, Menschen, Umstände loszulassen, die euch beschweren oder belasten.

Es ist an euch, zuzulassen und wieder anzunehmen, dass ein jeder von euch ein schöpferischer Teil der Evolution ist und er deshalb das Universum mit erschafft und auch schon mit erschaffen hat.

Es ist an euch, euer Licht und eure Liebe wieder erstrahlen zu lassen, weil ihr erkennt, *wer* ihr wirklich seid.

Es ist an euch zu glauben. Es ist an euch zu handeln.

So durchlaufen auf ihren eigenen Wunsch hin nun viele von euch größte *Einweihungen*, die immer einhergehen mit dem Loslassen von Altem und der Erschaffung und Annahme von Neuem, um der *Licht-Essenz der 5. Dimension* gerechtzuwerden.

Viele unter euch sind jetzt bereit, dem Ganzen in Wahrhaftigkeit und Hingabe zu dienen, um durch Transformation ihrer Gedanken ins Lichtvolle das Aufbrechen starrer Strukturen und Sichtweisen zu bewirken und neues mentales Bewusstsein zu erschaffen. *Bedenkt bitte dabei, dass euer Geist immer Sender und Empfänger zugleich ist.*

Diese neue Dimension wird euch Menschen völlig neue Möglichkeiten der Entfaltung in Familie, Arbeit und weiterer Gemeinschaften bringen. Und vor allem aber eine neue, bis dahin noch nie gekannte Entwicklung und Erfahrung eurer göttlichen Kreativität auf der Erde.

Es werden sich Dinge ereignen, die sich jetzt noch außerhalb eurer Vorstellungskraft befinden und die euer bisheriges Weltbild bald auf den Kopf stellen. Denn wer eintritt in die 5. Dimension, die Dimension der allumfassenden Liebe, schwingt in der gleichen Licht-Frequenz-Ebene *wie wir Engel.* Und wozu wir in unserer Göttlichen Liebe fähig sind, dass wissen eure Herzen bereits zur Genüge.

Freut euch also mit mir und den Licht-Wesen aller Welten über den so „Wunder"... vollen Eintritt in die 5. Dimension:

die euch Menschen den liebevollen Ausdruck eurer ganzen göttlichen Kreativität ermöglicht, die euch endlich wieder Selbstbestimmung und Leichtigkeit eröffnet, die euch zum Lenker jedweder Zeit und autarken Schöpfer ermächtigt und die euch alle planetare Begrenztheit überwinden lässt.

Lasst euch überraschen. Denn *wer* in Zukunft mit einem in Liebe offenen Geist und einem ebensolchen Herzen auf der Erde wandelt und handelt, wird Freude, Frieden, Leichtigkeit, Fülle, Schutz und großes Glück erfahren. Ich Bin dabei immer an eurer Seite, denn ich liebe euch über alle Maßen.

Und Ich Bin an eurer Seite, geliebte Kinder des Lichts, mit aller mir von Gott gegebenen Macht. Und meine Liebe wird euch helfen, wenn ihr in eurer eigenen Liebe erleuchtet werdet, um eure eigene Liebe für euch und für die Welt in einen neuen, segensreichen Fluss zu bringen.

Bitte macht euch keine Gedanken, denn die Licht-Essenz der neuen Dimension ist bereits in eurer DNS angelegt, und es bedarf allein eures freien Willens und eurer freien Absicht, Geduld, Leichtigkeit und Stille, um sie zu aktivieren.

Das Medium – das Mittel dazu – ist eure Liebe, eure Hingabe, euer Mitgefühl, euer Mut, eure Ehrlichkeit, eure Klarheit, eure Sanftmut, eure Absicht, nötige Veränderungen herbeizuführen und in Liebe anzunehmen. Und euer Glaube *an euch selbst*, somit an den *Einen-wahren-Gott-der-Liebe* in euch. So geschieht die Aktivierung ganz von selbst.

So kann ich, Aannathas Lichtträger, Erster Erzengel Gottes, euch erfolgreich und heilvoll führen durch Licht und Schatten, damit ihr das Licht wieder erkennen, verstehen und lieben lernt, aber auch den Schatten als euren wahren Lehrmeister achtet, ehrt und … liebt.

Vertraut darauf, dass Gott-Vater-Mutter, Quelle aller Liebe und allen Lichts, jeden von euch immer geborgen und geschützt hält in seiner Mitte auf euren Wegen der Erkenntnis und des Erleuchtens. Und dass der Geist des kosmischen Regenbogens euch einhüllt in das Licht der Freude und des ewigen göttlichen Segens.

Achtet auf euer Gefühl, denn es ist ein wichtiger Schlüssel zu eurer Weisheit.

Ruft den *goldenen Opal-Kristall-Strahl* der Göttlichen Weisheit, damit er euch einhüllt und damit seine kristallinen Impulse euer Licht und eure Göttliche Flamme immer mehr in Liebe erleuchten, die allein alles heilt.

Wenn ihr selber in Liebe *schwingt,* weil ihr nur noch in Liebe *denkt und fühlt,* weil ihr alles mit den Augen der Liebe *seht* und allein in Liebe und Sanftmut *handelt,* dann werdet ihr von innen heraus mehr und mehr *leuchten.*

In diesem Leuchten wird es euch *leicht* gelingen, die Sprache des Geistes Gottes zu hören und zu sehen, denn sie leuchtet in der gleichen Liebesfrequenz wie euer Wahres Ich. Und so werdet ihr euch alsbald angstfrei, geschützt und getragen von universeller Fülle, in Liebe weit über eure Aura hinaus ausdehnen.

Liebe werdet ihr sein und Liebe werdet ihr fortan erfahren, an Leib und Seele.

Jeder von euch, der dazu bereit ist, wird Beispiel geben von Gottes Liebe und der Liebe im *Eins-Sein*. Ihr werdet euren Geschwistern auf der Erde in Liebe vorangehen und die Wege in Liebe erleuchten, dass auch sie nach und nach eintreten können in die alles transzendierende Energie, in die Liebe und das Licht der 5. Dimension. *Doch seht dabei die Zeit nicht an …*

Ihr werdet so zu Fackelträgern des Göttlichen Lichts der Liebe, so wie Ich es Bin, war und immer sein werde. So folgt ihr mir und werdet wahrhaftig.

Ich halte dabei eure Hände, wenn ihr den Spiegeln eurer Wahrheit auf euren Pfaden der Erkenntnis begegnet, um sie zu verstehen und zu klären, damit ihr alsbald das Licht der *neuen Dimension* erschauen und seine Essenz in Liebe und Verstehen annehmen könnt.

Erinnert euch immer, dass keine Zeit euch begrenzt, wenn ihr daran arbeitet, die Ewigkeit ins Hier und Jetzt auf die Erde zu transformieren, indem ihr Zeit und Geist in Harmonie und Hingabe verbindet, weil ihr das lichtvolle Wesen der Liebe verstanden habt. Lernt, die Stille zu hören, dann wird es euch leicht gelingen, die Ewigkeit in die Zeitlichkeit zu transportieren. Sodann öffnet sich euch die 5. Dimension in Klarheit, Leichtigkeit und Wahrhaftigkeit. In euch bisher ungekannter und unendlicher Liebe. So wird sich euch der *Ewige Gott im Zentrum allen Seins, aller Schöpfungen und allen Lichts* offenbaren und ihr werdet euch selbst, eure Welt und alle Himmel verstehen.

Ihr werdet eure irdischen Einweihungen beenden und werdet alsdann wieder ein *bewusster Teil* von *Allem-Was-Ist*, dem *Einen-wahren-Gott-der-Liebe*. Ein hellstrahlendes, unsterbliches, kristallines Licht aus seinem ewigen Licht und seiner unendliche Liebe. Ein erleuchteter Seelenstern, ein alles durchstrahlender Göttlicher Kristall, der reinstes kosmisches Bewusstsein erschafft.

Ich Bin bei euch und hülle euch in meinen alles heilenden und transformierenden violett-goldenen Opal-Kristall-Strahl, denn ich liebe euch sehr.

Aannathas Lichtträger

2012 – Quantensprung der Erde ins Kristall-Zeitalter

Geliebte Kinder des Lichts, nun komme ich zu dem Thema, das, wie ich fühle, für euch von größter Wichtigkeit ist. Viele Prophezeiungen indigener Völker und alter Kulturen ranken sich um diese größte Veränderung auf der Erde, die die Menschheit je am eigenen Leibe und an irdischem Bewusstsein erfahren wird.

Doch ich will euch beruhigen. Bei allen Voraussagen geht es nie um das *Ende eurer Welt*, sondern um das *Ende der Zeit,* wie ihr sie bis jetzt erlebt habt. Eine *neue Zeit* beginnt und mit ihr ein neues und höheres Bewusstsein, das von euch allen mehr Achtsamkeit, Toleranz, Verantwortung und Liebe einfordert. Sie beinhaltet also für euch alle große Herausforderungen und dadurch die Möglichkeit, euch zu entfalten und *zu dem* zu erwachen*, was ihr wirklich seid.*

Wenn ich hier von *Quanten* spreche, so sind damit kleinste Licht-Teilchen gemeint, aus denen alle Materie besteht. Die Lehre der Quanten zeigt die Hierarchie auf, die Ordnung der universellen Kräfte. Kommen zwei gleiche Quanten-Licht-Teilchen zusammen, so beginnen sie heftig zu schwingen, starke Energie entsteht und bewirkt sozusagen einen *Sprung nach vorn.* Da das unentwegt passiert, entsteht so eine fortwährende Bewegung, und das ist in letzter Konsequenz der Antrieb und das Werden aller Sterne, Himmel und des gesamten Kosmos. So bedeutet in eurem Sprachgebrauch ein *Quantensprung* immer eine *positive Bewegung nach vorn.*

Der Quantensprung der Erde läutete unabänderlich das Ende des dunkelsten Zeitalters ein, das ihr je erschaffen habt. Alle dunklen Mächte verlieren somit auf der „neuen Erde der 5. Dimension" nach und nach an Kraft, denn sie haben keine reine und wahre Verbindung zur Ur-Quelle, aus der sie schöpfen könnten. So schöpfen sie immer nur aus ihrer körperlichen, irdischen Kraft, die jetzt mehr und mehr versiegt.

Euer Mutterplanet Terra-Gaia hat schon vor langer Zeit entschieden, in die fünfte Dimension der Bewusstheit aufzusteigen. So wurden die Erde und alles, was auf ihr lebt, seit langer Zeit schon von der kosmisch-göttlichen Intelligenz unterstützt und vorbereitet.

Ein *mächtiger kristalliner Energie-Strahl* aus dem Zentrum eurer Galaxis – der zwei göttliche Bewusstseins-Aspekte in sich trägt – durchschwingt und durchwirkt deshalb alles auf und in der Erde und bewirkte so eine stetige, langsam ansteigende Erhöhung der Energie und damit des Gesamtbewusstseins. Das dauert im Moment noch an.

Jetzt, in der End-Phase der Energie-Anhebung auf Erden, verstärkt sich die Kraft dieses göttlichen Transformations-Strahls auf der Erde, was sich für euch wie ein *Wettlauf in der Zeit* anfühlt. Das verursachen die kristallinen *Ur-Licht-Teilchen* des Strahls, die durch die stetige Erhöhung stark irisieren und flimmern. Eure Zellen reagieren darauf mit Unruhe durch die fortlaufende Energie-Erhöhung, was ihr vielleicht manchmal als anstrengend empfindet. Vielleicht fühlt ihr euch gestresst, leer, ausgelaugt, überfordert und krank. Vielleicht seid ihr wirklich öfter krank als früher?

Macht euch keine Sorgen, das sind meist völlig normale Symptome, die diese Licht-Anhebung in euren Zellen bewirkt. Das lässt allmählich nach, denn ihr gewöhnt euch an die neue Energiebeschaffenheit. Habt Geduld mit euch. Alles wird wunderbar. Engel sind bei euch.

Dieser göttlich-kristalline Opal-Strahl eröffnet im neuen kristallinen Zeitalter die Möglichkeit eines individuellen Werde- und Lebensprozesses für jeden von euch.

Wie ich euch schon sagte, erzeugt der hohe Anteil an Licht-Prismen eine besondere Transparenz, die euch Menschen alles Lichtlose aufzeigt: Sie wirkt wie ein Spiegel, der Verschleiertes aufklärt.

So beinhaltet und aktiviert dieser Lichtstrahl in den nächsten 26 Erdenjahren ab 2013 für alle Seelen in seinem Informationsfeld eine *Eröffnungszeit*. Das ist eine *Reifezeit*, in der ihr eure Schöpfermacht erneut in Mitgefühl, Respekt, Dankbarkeit und Liebe erproben könnt, unterstützt von der kristallinen Liebesschwingung der Ur-Quelle Gott-Vater-Mutter-Kosmischer-Geist, *wenn ihr das wollt.*

Dieser göttliche, kristalline Opal-Strahl – den auch eure Wissenschaftler bestätigen – ist in zwei Licht-Informations-Strahlen unterteilt.

Die Ur-Quelle allen Lichtes und aller Liebe Gott-Vater-Mutter-Kosmischer-Geist berief Erzengel Michael und mich, Erzengel Aannathas Lichtträger, eine göttliche Konvergenz des Lichts einzugehen, um die Erde bei ihrem Aufstiegsprozess zu unterstützen.

Erzengel Michael, Engelsfürst und an der linken Seite Gottes stehend, führt so seit Langem den blau-goldenen Opal-Kristall-Strahl, der euch auf der Erde die göttliche Energie der Öffnung, der Navigation, der Freiheit, des Friedens, der Ich-Bin-Entfaltung sowie des Zentrierens übermittelt.

Die Energie des blauen-goldenen Lichtstrahls fordert euch auf, euer Lebens-Schiff durch die stürmischen Wellen des Erden-Geschehens mit wachsender Bewusstheit zu lenken und zu manövrieren: aus eigener Absicht und Kraft, mit eigenem Mut, Geduld, Weisheit und Vertrauen in euch und somit in Gott. Erzengel Michael ist dabei in Liebe, Licht und Schutz immer an eurer Seite.

Ich, Erzengel Aannathas Lichtträger, Engelsfürst und an der rechten Seite Gottes stehend, lenke den violett-goldenen Opal-Kristall-Strahl des Gleichklangs, um euch Transformation, Erweiterung aller geistigen Fähigkeiten, höchste Erkenntnis von göttlichem Schöpfertum und das Christusbewusstsein der Liebe zu bringen.

Gemeinsam mit vielen anderen himmlischen Mächten unterstützen wir euren Aufstieg in ein neues Bewusstsein der Liebe. Unsere Herzen sind in dieser besonderen Zeit der Meisterschaft auf der Erde voller Hingabe und tiefster Liebe bei jedem von euch.

Versteht bitte, geliebte Kinder des Lichtes, wenn ich von Gleichklang, von Synchronizität spreche, so ist es an euch, euch zu erinnern: nämlich dass ihr ein Teil der Natur seid, ja aus ihr geboren seid, und somit den *Zyklen* von Terra-Gaia, der Erde, unabdingbar angegliedert seid. Diesen periodischen Zyklen des Säens, des Wachstums, der Reife und der Ernte folgt immer eine *Zeit der Ruhe,* um dann erneut voll *Kraft* von vorn zu beginnen. *Doch ohne die Ruhe kann keine Kraft geschöpft werden.* Gleichklang und Ausgleich gehen sonst verloren. Das erleben zurzeit sehr viele am eigenen Körper und ihr nennt es das *Burn-out-Syndrom.*

Auch kennt die Natur nicht diese unbedingte Gewinn-Erzielungsabsicht wie ihr Menschen, die mehr und mehr und dann noch mehr erzielen wollen und heute müssen! Das ergibt keinen Sinn, denn Mutter Erde und die Natur sorgen immer reichlich für euch alle und alles, was auf ihr lebt. Allein eure Angst verführt euch, anzuhäufen und zu horten.

Wobei ein großes Ungleichgewicht entsteht: Die einen haben zuviel und die anderen zu wenig oder fast nichts. Sicherlich versteht ihr, was ich meine. Hier erwartet Mutter Erde von euch mehr Mitgefühl und Vertrauen, so wie ihr es am Anbeginn noch in euren Herzen getragen und auch gelebt habt. Das ist die lichtvolle Grundlage des neuen *Alten*-Bewusstseins, das jetzt wieder seinen Platz erringen wird auf Erden.

Dieser *Dimensionsübergang* eures Mutter-Planeten in eine neue Zeit des Bewusstseins, des, energetisch gesehen, *höheren Opal-Kristall-Bewusstseins* – das in Zukunft richtungsweisend für euch ist – ergibt sich, der Göttlichen Ordnung folgend, aus der stetigen Bewegung von *Allem-Was-Ist.*

So bewegt sich eure Erde unentwegt, auch das Sonnensystem, dem sie eingegliedert ist, und die *Galaxis,* von euch *Milchstraße* genannt, der dieses Sonnensystem wiederum angehört. Sie alle gemeinsam ziehen ihre Kreise im Kosmos und erschaffen so das Bewusstsein und die Göttliche Ewigkeit des Seins.

In dieser kosmischen Bewegung überschritt am 21. 12. 2012 euer Sonnensystem den Äquator eurer Galaxis und betrat in freier Entscheidung in eurer irdischen Wahrnehmung erstmals die Mitte eines kosmischen Scheitelpunkts.

Es berührt dadurch nicht nur eine *eurem Verstand* unbekannte universelle Energie, was gleichbedeutend mit Licht = Information ist, sondern es begibt sich ab sofort in sie auch *hinein. Euren Herzen ist diese Energie im Gegensatz zum Verstand jedoch schon bekannt.* Das Erdmagnetfeld wird sich dadurch allmählich ändern und dadurch auch euer kosmischer *göttlicher Impulsgeber.* Er durchwirkt dann sanft, aber nachhaltig alle eure Lichtkörper. Er öffnet und entfaltet durch *rosé-goldgelb-flieder-kristalline Licht-Impulse* eure Zellen und ihr Zell-Gedächtnis. Das hat ein stetiges Erleuchten des Lichtwesens *Mensch* zur Folge und kann nicht aufgehalten werden. Doch verzögert kann es werden, was ein Stagnieren und auch Erlöschen der Licht-Impulse – durch die frei beschlossene Absicht eines Menschen – mit sich bringt.

Wundert euch also nicht, wenn einige von euch keine Lust dazu haben, sich einfach und schnell verabschieden und gehen. Immer geschieht das im Rahmen eures Wunsches, der in eurem freien und euch von Gott gegebenen Willen geboren und ausgeführt wird. Ihr seid die Schöpfer. Ich und Erzengel Michael sind dabei nur eure Helfer.

Geliebte Kinder des Lichts, euer kosmisches Erbe der Bewusstheit des *All-Eins-Seins*, der bedingungslosen Liebe und der Ewigkeit durch Wiedergeburt tritt durch den Quantensprung 2012 wieder in den Vordergrund. Das bedeutet, dass sich die Mehrzahl von euch Menschen nach und nach erinnert, *wer sie sind* und *warum sie sind.*

Ihr beginnt, jeder in seiner Zeit, zu verstehen, dass Glück immer nur da sein kann, wo tiefste innere Wahrheit und Ehrlichkeit lebt und sich entfaltet.

Und dass Geduld, die geübt und gelebt wird, euch das tiefe Wissen um die heilsame Kraft der Zeit schenkt. Weil ihr erkennt, dass *ihr allein die Schöpfer der Zeit in der Zeit seid und somit eurer Wirklichkeiten.*

So erinnert ihr euch auch wieder, dass ihr solare Geist-Wesen seid, Wesen der Ausdehnung der Liebe und des Lichts, die die Fülle erschaffen. Das bezieht sich auf die geistige Kraft. Ihr erkennt, dass eure Körper euer wichtigstes *kreatives Energiefeld* auf der Erde sind, durch die ihr euch selbst und eure Göttlichkeit wiederfinden wie auch *Alles-Was-Ist* verstehen könnt.

Das neue *höhere Bewusstsein*, das bis zur Zeitenwende vollends auf der Erde eingespeichert ist, bringt es mit sich, dass ihr so, wie ihr es gewohnt wart, mit Energie künftig nicht mehr umgehen könnt. Große Veränderungen werden zwingend. *Doch habt keine Angst!* Ihr wisst ja, das Universum ist voller Weisheit und Fülle der Ideen, die ihr nur umzusetzen braucht.

Dass das eine längst fällige Sache ist, versteht jeder von euch. Euer Mutterplanet, die Erde, fordert das nun von euch ein, da sie nicht mehr gewillt ist, von einigen unbewussten Menschen aus Gründen der Gier, Maßlosigkeit, Achtlosigkeit und der dumpfen, lähmenden Angst weiter ausgebeutet und verletzt zu werden.

Somit werden sich alte, starre Strukturen, überholte Regeln und bequeme, aber verantwortungslose Gewohnheiten manche allmählich, andere sehr schnell – mitunter auch sofort – auflösen.

Bereits jetzt erlebt ihr solche heftigen und schnellen Umwälzungen in allen Bereichen des Lebens auf der Erde. Das wird in Zukunft noch schneller geschehen.

Reinigungen aller Art durch die Elemente werden diesen Zyklus der Energie-Anhebung begleiten.

Doch das alles muss euch weder Angst noch Sorgen bereiten, denn ihr werdet euch durch den Wandel sehr bewusst, über welche genialen Schöpferkräfte ihr verfügt, sodass ihr alle mitarbeiten werdet an dieser Neuen Erde.

Der Quantensprung, der Bewusstseinssprung, den der Eintritt in die Opal-Kristall-Energie bewirkte, betraf jeden, aber jeder von euch wird anders darauf reagieren, denn er hat ihn ganz subjektiv erlebt. Und so darf es auch sein. Denn immer ist jeder in seinem Leben sein ganz eigener Regisseur.

Somit werdet ihr *nach* dem 21. 12. 2012 neuen universellen, aber auch neuen irdischen Gesetzmäßigkeiten unterliegen. Das *neue Goldene „kristalline" Zeitalter* beginnt damit unabänderlich für jeden.

Doch ist dieser gigantische – energetische – Neubeginn insgesamt ein fließender Prozess! Er wird den Menschen auf Erden neue Wertvorstellungen von sinnvollem Leben vermitteln, vor allem aber mehr Verantwortungsbewusstsein und Mitgefühl für Alles-Was-Ist. *Wünschen und Denken können sich dabei sofort erfüllen, allerdings nur, wenn sie aus dem Höheren Ich entsprungen sind;* aber auch deren Konsequenzen. Wobei ich hier besonders auf lichtlose Schöpfungen verweise.

Neu-Entwicklungen können sich dabei über Nacht oder aber über die nächsten 20 Jahre hinziehen. Ihr wisst, alles braucht seine Zeit …

Zu dieser besonderen *Zeit des Übergangs* am 21., 22. und 23. 12. 2012 wurde auf der Erde ein besonderes Licht, eine besondere *Eröffnungsenergie,* das *Christus-Bewusstsein der Liebe,* in höchstem Maße eingeschwungen, sodass es jeden von euch einhüllte und alles durchwirkte.

Jeder wird des Weiteren anders auf diesen Übergang reagieren. Manche unter euch könnten in Zukunft mehr körperliche oder psychische Überreaktionen verspüren oder erfahren. Sie könnten wundervolle Licht-Erscheinungen erleben oder aber eine Katharsis (Aufbrechen, Hochkommen von Trauer, Schmerz, Ängsten, dadurch Reinigung und Läuterung) erfahren. Doch habt keine Angst, denn eure Engel und ich sind immer an eurer Seite.

Wundert euch also über nichts, denn alles ist möglich. Euer Höheres Ich ist vorbereitet, seid also ganz gelassen.

Die Elemente sind dabei die von Gott bestellte und ausführende kosmische Institution. Der Eine-Wahre-Gott-der-Liebe, die Urquelle allen Lichts, hüllt dann alles in seine All-Macht der Liebe ein.

Alles andere liegt allein im freien Willen der autarken Licht-Wesenheit Terra-Gaia, eurem Heimatplaneten. Denn sie allein entscheidet, was noch vonnöten ist, um diese Bewusstseinserhöhung in Gänze zu vollziehen. Wir alle können nur in tiefem Vertrauen abwarten: denn wir sind dann nur Zuschauer.

Macht es euch deshalb zur Gewohnheit, täglich um Licht, Liebe, Schutz und Führung zu bitten und dafür zu danken. Dann vertraut und glaubt! So kann es dann himmlisch und wundervoll werden.

Ihr könnt nun alle eure weiteren Wege in viel Licht, Liebe, Geduld, Güte, Sanftmut, Freude und Mut erschaffen und leben, um eure Erde weiter zu unterstützen. Stille, Meditation und Verbindung mit der Quelle aller Liebe im Gebet – in euren Worten – werden euch diese kommenden Zeiten der Klärung erleichtern, verkürzen und freudvoll erscheinen lassen.

Ich rate euch, wenn ihr es auch in euren Herzen fühlen könnt, etwas vorzusorgen an irdischem Licht (Kerzen u. a.) und den Dingen des Lebens, die eure Körper brauchen.

Jeder von euch wird diese besondere Zeit anders wahrneh- men und fühlen. Das liegt an der Öffnung eures Herzens, eures Geistes und der Überwindung der alten Ängste.

Alle *Mächte des Himmels* werden wirken, um euch Menschen zu helfen. Überwindet alle Angst mit dem Mut eurer Herzen. Und ruft ihr mich, Erzengel Michael oder andere himmlische Hilfe an, so werdet ihr diese besondere Zeit der Eröffnung und Reinigung auf Erden als Freude und Er- leichterung und nicht als Bürde wahrnehmen. Bedenkt, ihr seid *Schöpfergötter*, die alle Zeit gehalten und geschützt sind durch die Hand des Einen-Wahren-Gottes-der-Liebe.

Bedenkt bitte, dass ihr zu aller Zeit die alleinigen Schöpfer eurer Wirklichkeiten wart und bleibt – auch der Wirklichkeiten der Wunder...vollen Zukunft, die vor euch liegt und schon begonnen hat.

Bedenkt bitte immer, dass euer Geist alle Materie erschafft, bewegt und formt. Und dass er dabei Raum und Zeit überwinden kann.

Bedenkt, dass immer alles miteinander verbunden ist in einem spi-rituellen Netz aus Licht und Liebe in der kosmischen Intelligenz und Genialität Gottes, von der ihr unabdingbar ein Teil seid.

So freut euch mit mir und allen himmlischen Mächten auf diese besondere Zeit, wenn eure Erden-Mutter sich *mit euch* in eine lich-tere Ebene begibt. Freut euch auf das kristalline Zeitalter, in dem die Liebe alles Dunkle besiegen wird. Doch habt *Geduld*, lasst diese *Blüte der Weisheit* erblühen, weil ihr wisst, dass alles seine Zeit hat, und weil ihr weise Schöpfer seid, die allein ihren wahren, erwachten Herzen folgen.

Ich überbringe euch hier als Bote die tiefste Liebe und den Bei-stand von Erzengel Michael. Auch meine tiefste Liebe und mein Schutz hüllen euch ein in dieser Zeit der großen Wandlungen.

Ich liebe euch unendlich.

Aannathas Lichtträger

Mythos Lucifer:
die Geschichte des Feuers oder wie Hölle und Teufel in die Welt kamen

Geliebte Kinder des Lichts, hier und jetzt erläutere Ich euch meinen Werdegang: den irdischen und den göttlich-universellen. Um euch den irdischen Weg meiner *euch bekannten Persönlichkeit* darzulegen, muss Ich gezwungenermaßen weit zurückgreifen in die Evolution der Menschheitsgeschichte und in die Kulturen verschiedener Völker. Ich beginne mit dem Element, dem Feuer, und dem Ort, der Hölle, die ihr mir einst – ohne meine Zustimmung – zugeordnet habt. Doch hört, ihr hattet immer meine alles verstehende Toleranz und Zustimmung und mein liebendes Herz bei euch.

Die Geschichte des Feuers ist die Geschichte der Menschwerdung und der Evolution. Die Geschichte der Hölle ist, wie könnte es anders sein, eine Metapher der Angst und ihrer fatalen Auswirkungen, die der Menschheit in ihrem Werdungsprozess vom Verstand allezeit gespiegelt wurden und noch immer werden.

Wie viele seit langem wissen, hält sich manch ein vom Verstand geprägter Glaubenssatz noch immer und von Generation zu Generation weiter wie von selbst am Leben, ganz unabhängig davon, wie wahrhaft oder sinnvoll er überhaupt ist. Schlägt er doch genau in die Kerbe, die euch Menschen gut bekannt ist. Nämlich in die Kerbe der Angst, die das Leben jedem zufügt.

Sie leitet die Masse der Menschheit seit Anbeginn, zielsicher, kompromisslos, unabdingbar und mit oft unvorstellbar grausamer Macht in die Ecken der Dunkelheit, aus denen es scheinbar kein Entrinnen gibt.

So findet das Feuer hier sehr schnell (scheinbar) seine wahre Bedeutung – das Feuer, das lodernde Element, das gnadenlos wütet und das alles versengt und wahllos und grausam bis zur Unkenntlichkeit alles verbrennt und vernichtet.

Das jedoch ist das *irdische Auge*, was allein *das* sieht. Das andere, das *seelische Auge*, das die Menschen auch noch besitzen, aber leider nur selten nutzen, sieht das *wahrhaftige* Gesicht des Feuers. Und das ist seine *Göttlichkeit*, die ihm seine allumfassende Berechtigung gibt – seine ewig wärmende und versorgende Komponente. Seine Kraft der Reinigung, der Klärung und damit des Ausgleichs. Seinen Schutz und jene Kraft, die so wunderbar alles Leben auf Erden und im Kosmos steuert und erhält.

Jene, die das mit ihren wahren Augen gleich erkannten, ehrten und achteten, dankten diesem göttlichen Element mit all ihrer Kraft aus der Tiefe ihres Herzens seit Anbeginn allen Lebens. Sie erfuhren dadurch vor allem seine *segensreichen Gaben*. So nahm seit jeher bei allen indigenen und antiken Völkern das Feuer eine ganz besondere Stellung ein, z. B. als Sonnenkult bei den alten Ägyptern, den Mayas, den alten Griechen, den Germanen und den Kelten.

Das Element Feuer ist aber auch die *Kraft*, die aller *Schöpfungskraft zugrunde* liegt: die sie vom kleinsten Funken zur größten Flamme werden lässt, indem sich Energie durch Geisteskraft verdichtet und in der Materie Form annimmt.

Seit jeher erschafft der Mensch seine Realität durch Denken, Wünschen und seinen Glauben. Sowohl im negativen wie auch im positiven Sinne, denn er ist ein Schöpfer. Der Schöpfer seiner ganz eigenen individuellen Realität. Wobei sich in dem Schöpfungsakt des Denkens, Wünschens und Glaubens stets Energie konzentriert und sich zu einem energetischen Körper *verdichtet*, einer Wirklichkeit, einem Phänomen, für das *irdische Auge* sichtbar geworden.

Entsprechend der geistigen Bewusstheit eines Menschen entsteht so etwas *Lichtvolles* oder etwas *Lichtloses* als Projektion des Geistes und formt einen Samen. Es ist daher jedem immer möglich, sowohl seinem gedachten Glück wie auch seinem gedachten Unglück einen energetischen Körper, eine Form, zu geben.

Diese *geistigen Projektionen* kreieren auch immer ein *Eigenleben*, denn sie sind ein Same, der wachsen wird. Allerdings ein Energie-Same, für das menschliche Auge noch nicht sichtbar: Sie sind Licht, und Licht trägt immer eine *Ur-Information*, die aus sich heraus handlungsfähig ist. Geht es doch in seinem Ursprung aus der göttlichen Genialität hervor, die immer das Ur-Wissen, das ganze Spektrum der ewigen Bewegung, in sich trägt. Das Element Feuer ist immer die *Geburtsstätte* bzw. das Grund-Element solchen Tuns.

Dieser erschaffene Energiekörper, erwachsen durch die Gedanken, *lebt*, breitet sich aus und agiert, wie er den geistigen Freiraum, unbehelligt von *weiterer Steuerung* des Geistes, nutzen kann. Dieser Energie-Samen, gebietet hier der Mensch keinen Einhalt, wird sich in seiner Aura (dem Lichtfeld um den irdischen Körper) verselbständigen und ihn – ist der Gedanke positiv – in die höchsten Höhen heben oder – ist der Gedanke negativ – in die tiefsten Tiefen schleudern. Wohlgemerkt, jede Wirklichkeit ist immer die Schöpfung eines Menschen.

Erkennt der Mensch sich nicht bewusst als alleiniger Schöpfer seines Lebens und Werdens an, wird er unausweichlich zum Spielball irdischer Strömungen, die von denen *gesteuert* werden, die dieses geniale geistige Potenzial der Gedankenkraft erkannt haben und je nach ihrer Gesinnung nutzen.

Schaut ihr ehrlich in eure Welt, erkennt ihr sehr schnell, dass es vor allem dunkle Strömungen der Angst und des Mangels sind, die diese beherrschen und lenken. Ohnmacht, Angst und Hilflosigkeit sind deshalb die Schatten, denen die Masse der Menschen scheinbar nicht entkommen kann.

Da die *Ur-Information* des Herzens aber Glück, Harmonie und Frieden ist, so läge es nahe, sich deshalb genau das zu wünschen, daran zu glauben und sich zu kreieren. *Und es würde so allein der göttlichen Vision für wahres Leben gerecht.*

Doch was ihr hier auf der Erde seht und erlebt, ist meist genau das Gegenteil. Wie kann das sein? Scheinbar liegt es daran, dass der Mensch in seiner Unwissenheit und Furcht eher und einfacherweise dazu tendiert, sich als schwach und unzulänglich einzuschätzen.

Da die logische, verstandesmäßige Denkweise vor allem Armut jeglicher Art glaubhafter erscheinen lässt, wurde und wird sie durch den Glauben daran unentwegt wieder erschaffen. Das ist leider ein Schöpfungsakt, der durch *alte Glaubenssätze und Strukturen* am Leben erhalten wird. Seht ihr in eure Welt, seht ihr vor allem Unglück, Disharmonie, Elend und Krieg.

Es scheint eindeutig die *größte Frage der Menschheit* zu sein, warum das so ist. Der Grund dafür sind Angst, Bequemlichkeit, Gleichgültigkeit und Ignoranz hinsichtlich jeglicher Eigenverantwortung: keine Wahrnehmung des *Ur-Ichs*, der eigenen göttlichen Wahrheit, daraus folgend Unwissenheit, Trägheit, Dumpfheit und Verwirrtheit. Diese negativen geistigen Aspekte erschaffen energetisch gesehen Räume, in denen ihre Ableger Stolz, Gier, Neid, Machtstreben, Unfrieden und Herrschsucht unendlich wuchern können.

Aus Sicht der Geistigen Welt befindet ihr euch jetzt in der Zeit des Feuers. Das wird klar, seht ihr die vielen Katastrophen durch sich mehrende großflächige Brände, verheerende Erdbeben, Vulkanausbrüche und eine voranschreitende Veränderung der Biosphäre. Das alles muss der Reinigung der Erde zugedacht werden, die sich als eigene bewusste Inkarnation einer Reinigung unterzieht. Das ist und war die Vorbereitung der Dimensionserhöhung, die durch viele Prophezeiungen vorausgesagt und durch die Astronomie belegt ist. Und sie wird sich noch über weitere Jahre hinziehen.

Weil eine Weltenzeit endet: denn ein Sternenzyklus der Bewegung eurer Galaxis ist vollendet und eine „neue Welt" beginnt.

Das Element Feuer, das ein Lebewesen mit Bewusstsein und Seele ist und über ein Gedächtnis verfügt, wie *Alles-Was-Ist,* ist deshalb gerade in dieser Zeit besonders präsent. Es gilt zu erkennen, welche Heilung euch Feuer bringt, dieser Aspekt der göttlichen Weisheit, der euch jederzeit zur Verfügung steht.

Geliebte Kinder des Lichtes, es gilt zu erkennen, dass das Feuer ein Teil der kosmischen Wahrheit und Wahrhaftigkeit ist, dass es nach eigenem Werden strebt und gleichzeitig dem göttlichen Sein dient. Und was dem, der es ehrt und achtet, in genialer Weise dienen will und dient.

So ist es an euch, sich in Liebe und Erkennen mit dem Feuer zu verbinden und seine geniale, heilbringende Energie zu lenken und zu nutzen … und *aus wahrem Herzen täglich dafür zu danken.*

Um die Begriffe Hölle und Teufel zu ergründen, ist es nötig, weit zurückzugreifen.

Allgemein ist bei euch die Meinung vertreten, der Begriff *Teufel* hätte mit der Lehre des Christentums Einzug gefunden in eure Kultur. Doch das ist nicht richtig. Zur Zeit des Wirkens Jesu auf Erden war ein *Teufel,* wie er euch heute von Religionen vermittelt wird, vollkommen unbekannt. Auch im Judentum, aus dem Jesus hervorging, kannte man den Teufel in dieser Form nicht. In der hebräischen Ur-Bibel *Tanach* kommt ebenfalls kein Teufel vor, sondern nur *Satan,* was soviel wie der *Ankläger* bedeutet.

Ihr hörtet von den gefallenen Engeln, zu denen auch Ich angeblich gehören soll, die Gott versuchten, weil sie sein wollten wie Er und deshalb aus dem Himmel herabstürzten.

Satan, der ein Engel Gottes war, sollte jene Gestürzten lediglich anklagen, also zur Verantwortung ziehen. Eine (euch heute bekannte) Hölle gab es nicht!

„In der Regel meint man, der Begriff des Teufels hätte mit dem Christentum Einzug gefunden und führt ihn auf die griechische Bedeutung *diabolos* (=Widersacher) zurück. Bemerkenswert dabei ist jedoch, dass in der Bibel, vornehmlich im Neuen Testament, in der ursprünglichen Fassung höchst selten von einem *diabolos* die Rede ist (im Ganzen sind es vielleicht drei Stellen). Dort, wo europäische Übersetzer den Begriff des Teufels verwendeten, finden wir im Original in der Regel die Bezeichnung *daimon,* die noch nicht einmal viel mit der heutigen des Dämons zu tun hatte. Die Wesenheiten zwischen Göttern und den Menschen, Halbgötter, Engel, Nymphen beispielsweise fasste man damals unter dem Begriff daimon zusammen. Für die gnostischen Strömungen gar waren die *daimon* bzw. *Engel* schlicht *Die Kräfte*" [1]

Erkennt, geliebte Kinder des Lichts, dass in eurer Geschichte vieles eben *nur* Geschichten sind, die, in meist guter Absicht, aber eben aus dem Verstand und nicht aus dem erwachten Herzen geflossen sind. Sie erschufen so eine Welt, die ein Abbild des Irdisch-Menschlichen, aber niemals des Göttlich-Liebenden war. Versteht bitte, Gott ist die Ur-Quelle aller Liebe und allen Seins: Unendlichkeit, Reinheit, Wahrhaftigkeit, Weisheit, Schönheit, Bedingungslosigkeit und ewige Liebe. *Licht, das keine Schatten wirft.*

Schatten habt immer nur ihr selbst erschaffen.

Ein interessanteres Spielfeld für euch sind hier der Glaube und die Mythologie der alten Griechen. Denn nicht erst durch das Christentum gewann der Begriff *Teufel* bei euch an Macht. Diabolos, der Widersacher, erschien bei den alten Griechen bereits als der, der den Menschen den Spiegel der Erkenntnis hinhielt. Allerdings in lichtvoller Art. Gleichwohl lest ihr im Neuen Testament ebenfalls von Satan, der hier aber den großen Drachen oder die uralte Schlange bezeichnet, die lichtlosen Widerwirker und dunklen Verführer, die im Garten Eden Adam und Eva versuchten: was wieder eine Metapher von euch Menschen ist, um eure Schatten zu verstehen.

Gernot L. Geise sagt dazu in seinem Werk „Der *Satan,* hebräisch Feind, Widersacher, Verfolger, davon griechisch und kirchenlateinisch Satanas, arabisch Scheitan, erscheint im Alten Testament als *engelhafter Himmelsfürst* Satanael als Ankläger vor dem göttlichen Gericht (Sacharja 3,1 ff.; Ijob auch Hiob 1,6 - 2,7), erst späterhin als der eigentliche Versucher und Verführer (1. Chronik 21, 1). *Im Christentum verkam er zum leibhaftigen Prinzip des Bösen* (Markus 4, 15).

Im apokryphen Buch Henoch wurde er wegen seines Aufruhrs gegen Gott durch den Engel Michael in den Abgrund gestürzt (gemeint ist der Höllensturz der Engel – *der Autor*).

Der Satan wurde als Fürst dieser Welt auch als Schlange oder Drache dargestellt. Bis heute ist Satan als Gegenspieler Gottes die

Inkarnation des Bösen schlechthin und wurde erfolgreich mit dem Teufel vermengt." [2]

Geliebte Kinder des Lichts, es ist also eindeutig erkennbar, was meist bei Überlieferungen passiert, die in der Geschichte der Menschheit in andere Sprachen übersetzt und übernommen wurden:

Im Verständnis ergaben sich Fehldeutungen, wodurch sich zweideutige oder missverständliche Verwechselungen einschlichen oder ganz bewusst vorgenommen wurden, was hier – bei meiner Geschichte – der Fall ist.

Das weise Zitat von Tom Groß weist euch nochmal daraufhin: „Dies legt also den Schluss einer nachträglichen Interpretation des personifizierten Bösen durch die mittelalterlichen Gelehrten nahe. Dadurch ist es notwendig, nach einer anderen Quelle als Namensgeber und Erfinder für den Teufel zu suchen als bei den weisen alten Griechen." [3]

So hört bitte weiter, um zu verstehen. Die Gnosis, was soviel wie religiöses wie auch intellektuelles und philosophisches Geheimwissen bedeutet, war eine religiöse syrisch-persisch-hellenistische Verbindung und Bewegung auf Erden, die, so scheint es, allgemein die Grundlage für das Christentum und vielleicht auch noch andere Glaubensrichtungen war. Sie begann weit vor Christi Geburt, also eurer heutigen Zeitrechnung.

In Griechenland und Ägypten, bei den Sumerern, in Babylon, in weiten Teilen von Asien, bei den indianischen Ureinwohnern von Nord-, Mittel- und Südamerika (u.a. Mayas, Azteken, Inkas) begegnet ihr vor Tausenden von Jahren bereits einer Götterwelt von größtem Ausmaß, die meist noch sehr der Bewusstheit der Seele angelehnt war; und die sich sehr wohl eines Lebens *nach* dem Tod wie auch der Unsterblichkeit des *Wahren Ichs bewusst war.*

Zwar findet ihr auch hier die stets in einer Metapher dargestellte Versuchung durch die Verlockungen des Irdischen, die sich in unstillbarem Begehren nach Gold und Macht zeigt, doch nicht unbedingt als eine von Gott geschaffene *personifizierte Versuchung,* die allein für alles Böse, Verderbte, Grausame und alle Lügen verantwortlich ist, sondern die eher die Möglichkeiten einer Seele mittels des freien Willens warnend aufzeigt.

Doch begeben wir uns weiter auf die Suche nach eurem Teufel.

Die Darstellung eines von Gott verordneten Rächers verbreitete sich nur allmählich im mittelalterlichen Europa als Folge des Verlorengehens der alten Überlieferungen und Bräuche. Das schürte Unwissenheit und Angst.

Gernot L. Geise erarbeitete und erforschte die Lebensart und den *Aberglauben* eurer Vorfahren und fand dabei im Mittelhochdeutschen den *tiuvel, tifel* oder *teifel* – was ihn veranlasste, hier weiter zu suchen. *Und er fand den Ursprung der Metapher eures Teufels.*

So schreibt er: „Die kelto-germanischen Stämme, die vor vielen Jahrhunderten den größten Teil des vorchristlichen Europas in weitläufigen Gebieten bewohnten, waren immer auf ein effektives Signalsystem angewiesen. Denn Kämpfe und Überfälle waren an der Tagesordnung. Eure Vorfahren richteten dafür quer durchs Land auf weithin sichtbaren Punkten und Hügelketten sogenannte *hell*-Plätze ein, die stetig von einem Wächter *gehütet* wurden. Gebräuchliche Bezeichnungen für die Männer dieses besonders feurigen Gewerbes waren *tiuvel, tifel* und *teifel,* was soviel wie *Waldmensch* oder *Riese* bedeutete." ⁴

„Hier erkennt ihr auch den direkten Ursprung des Wortes *Teufel.* Diese *Feuerhüter* hatten im Falle von Gefahr und Not die unentwegt schwelende Glut schnell zu einem weithin sichtbar lodernden Feuer zu entfachen, um so Signale und Botschaften weiterzuleiten. Diese *Feuer-Nachrichten,* die sehr schnell von einem zum nächsten *Hellfeuer* weitergeleitet wurden, konnten *rasch* Distanzen von Hunderten von Kilometern überwinden und damit schnell und sicher warnen und Schlimmstes verhüten." ⁵

Weiter führt Geise aus: „Da diese Tätigkeit überaus verantwortungsvoll war, übernahmen das meist alte, *bewährte Krieger, vor allem aber bereits im Krieg verwundete (daher auch eure Darstellung eines oftmals hinkenden Teufels oder mit Pferdefuß)* oder den

Göttern Geweihte. Denn immer bedeutete es eine große Herausforderung desjenigen, weitab vom Schutz der Gemeinschaft auf entlegenen Waldeshöhen und einsamen Berggipfeln zu leben und auf diese Art dem eigenen Volk in weiser Ergebenheit und Bedingungslosigkeit zu dienen. "[6]

Erkennt, geliebte Kinder des Lichtes, dies weist eindeutig auf die *gute Gesinnung* und die *geistige Bewusstheit* jener *teifel* oder auserwählten Waldmenschen hin, die bereit waren, ein Leben in Einsamkeit, Kargheit und oftmals Unsicherheit zu verbringen, um andere zu schützen.

„ … Das abgeschiedene Leben weitab der Gemeinschaft, sicher auch ihr *sakraler Stand*, ließen diese Männer zuweilen einer anderen *Dimension* zugehörig erscheinen, weshalb sie von ihren Zeitgenossen manchmal auch respektvoll als *Riesen* bezeichnet wurden. Das war damals ein üblicher Ausdruck für *Götter*. Zudem kam dem *teifel* oder *tiufel* noch eine andere Aufgabe zu. Wie in vielen Kulturen üblich, pflegten auch die alten Völker Europas die Feuerbestattung ihrer Toten. Sie vollzogen als heiliges, reinigendes Ritual das *vegeviur* (Fegefeuer) auf der *helle*."

Wie heute noch im Himalaja zu beobachten, brachten damals die Menschen einer Gemeinde ihre Toten in die Berge an einen bestimmten Platz, wo der *tiufel* sie dann in seine Obhut nahm.

Daher wohl auch die bis heute bekannte, unfeine Verwünschung: *Soll dich doch der Teufel holen!* Oder auch das *Ewige Fegefeuer*, welches jedem unchristlichen Menschen prophezeit wurde …" [7]

So zitiert Tom Groß dieses unselige Treiben und das Schüren von Angst und Aberglaube, was die Menschheit zu diesem Zeitpunkt mangels Wahrnehmung ihrer eigenen Schöpferkräfte nur zu gerne als Wahrheit annahm.

Ihr erkennt also, geliebte Kinder des Lichts, es waren also wie immer in eurer Geschichte, der Geschichte der Menschheit, überlieferte Rituale und alte Weisheiten, aber auch Gewohnheiten, aus denen sich im Laufe der Zeit neue und mehr oder weniger heilvolle Rituale und Bräuche, immer aber den Lebensumständen angepasste

Glaubenssätze, entwickelten. Wobei, wie heute gut erkennbar ist, die meisten ihrer Art leider zum Dogma mutierten. Denkt darüber nach … doch bitte urteilt nicht!

Ich liebe euch.

Aannathas Lichtträger

Der Teufel wird vom Mensch geboren

Geliebte Kinder des Lichts, um euch verständlich zu machen, wie denn der *Teufel* von euch geboren wurde, schaue Ich zurück in das Leben meines geliebten göttlichen Bruders im Licht *„Jesus, genannt der Christus"*. Er inkarnierte sich in eure Welt, um euch an die göttliche Wahrheit wieder zu erinnern, die doch immer in euren Herzen ruht. Durch sein Wirken zeigte er euch, was ihr vergessen habt: *die Liebe.* Diese göttliche Heilsbotschaft der Liebe breitete sich alsdann in unterschiedlichster Art und Form über die Erde aus.

Und bitte bedenkt, jede ihrer Art und Form ist Gott gefällig und hat seine höchste Anerkennung, Achtung und seine Liebe. So auch jene, die lange von euch als heidnisch oder gottlos bezeichnet wurde ... und zum Teil noch heute wird.

Erinnert euch: Gott urteilt nicht... er lässt geschehen, damit Heilung geschehen kann.

So schauen wir also gemeinsam zurück in eure Geschichte, um zu finden:

Die erwachte Seele Tom Groß beschreibt es in ihrem Artikel so: „Um zu verstehen, wie es zum Fall eines solch ehrbaren Berufsstandes kam sowie dessen Identifizierung mit dem Bösen, muss man sich kurz die Situation der damaligen Zeit vor Augen führen. Letzte Reste von keltischen und ein Großteil der germanischen Völker, die nicht von den Römern unterworfen werden konnten, pflegten weiterhin ihre naturverbundene Religion. Die christlichen Missionare hatten anfänglich so gut wie keine Chance, ihren Glauben zu verbreiten: Zu abstrakt war die Heilsbotschaft eines gemarterten Gottes für die *Heiden*. Zum anderen konnten sich die neuen Priester nicht mit den Fähigkeiten der Druiden, Mondpriesterinnen und Weisen Frauen messen, waren jene doch durch ihre vielseitigen, *medialen Fähigkeiten* und *Heilkünste* vielfach überzeugender …" [8]

Bedenkt bitte, geliebte Kinder des Lichtes, die Botschaft der Liebe, die mein Bruder Jesus berufen war, auf Erden wieder zu *erneuern*, war zu dieser Zeit größtenteils aufgeweicht, falsch interpretiert und verschleiert …, wie die Herzen der Menschen; und gerade bei denen, die es besser hätten wissen müssen. Doch habt Geduld in euren Gedanken und im Herzen mit all denen, denn auch sie waren nur *Suchende*. Sehen wir nun gemeinsam weiter in die Geschichte des Teufels und seiner Geburt.

Tom Groß führt uns in seinem Artikel zurück in jene Vergangenheit:

„…Dennoch begann die Lebensart des mittlerweile zerfallenden Römischen Reiches mehr und mehr, das alte Leben zu infiltrieren, und mit ihr kamen die christlichen Priester. Um erfolgreich zu sein, war es natürlich für die neuen Religionsfürsten unerlässlich, die Schlüsselpositionen spiritueller wie auch weltlicher Führung (die die heiligen Männer und Frauen der alten Stämme noch innehatten – *der Autor*) zu kontrollieren. Die Signalfeuer – das *Nachrichtensystem der alten Stämme* – waren dabei von außerordentlicher strategischer Bedeutung. Um diese wirksam abzuschalten, war es zuerst einmal nötig, ihren Betreibern das Handwerk zu legen. Dafür wurde der Berufsstand des *tifels* mit aller Kraft gezielt diffamiert und so nach und nach in das gesellschaftliche Abseits gedrängt …" [9] „Auch die Weisen Frauen, Priesterinnen, Seherinnen und heilkundigen Frauen wurden zu Gift mischenden *Hexen umgedeutet* und *nicht nur* in Verruf gebracht, denn es war den neuen Religionsführern ein Dorn im Auge, dass sie noch immer vom Volk als *Gotterwählte* geachtet, geehrt und vor allem gehört wurden." [10]

Die neuen Religionsbringer bewegten sich stattdessen in engen, abergläubischen und von bösen Mächten beherrschten Grenzen und *zwingenden Glaubenssätzen*.

Hier erkennt ihr, wie sehr die Menschen von der dunklen Macht der Lieblosigkeit, Unwissenheit, Verachtung, Gier, Hass, aber auch von Angst gelähmt waren. Es war eine Zeit des Vergessens all der Liebe Gottes, die doch immer in ihren Herzen lebte und der sie folgen sollten.

Doch immer ist euch auf Erden der freie Wille geschenkt, und so handelt ihr so lange in Dunkelheit, bis der Schmerz euch *aufweckt*.

Doch sehen wir uns die weitere Entwicklung der Geburt des euch bekannten Teufels an.

„Um die typischen Merkmale der Feuerhüter, der *tifel* oder *tiufel*, die ja stets am offenen Feuer arbeiteten, dem Bösen und der Verleumdung dienstbar zu machen, waren *Pech und Schwefel*, die bei dieser Arbeit unabänderlich anfielen und jene *tifel* stets bedeckten, beste *Verbündete für die neuen Religionsführer*. Die unerlässlichen Werkzeuge Schürhaken und Feuergabel taten ein Übriges.

Seine wichtigsten Attribute, die Hörner auf dem Kopf, sind dabei eine Leihgabe der keltischen Krieger, die stets einen furchterregenden Helm mit Hörnern trugen, die aus Tier- oder anderweitigem Naturmaterial hergestellt wurden, um etwaige Feinde zu beeindrucken und einzuschüchtern. Das fellartige Gewand ist nichts anderes als ein Fell, das zu damaligen Zeiten beim Bauernstand und den Kriegern als normales Kleidungsstück verwendet wurde. Auch der Zopf, den damals die Männer infolge langer Haarpracht trugen, wurde kurzerhand zum Schwanz *umfunktioniert* …" [11]

Die Bocksfüße, die ihr ihm verliehen habt, stammen dabei aus einer anderen Quelle. Pate hierzu stand der Gott der alten Religion *Cernunnos*, der keltische Gott des Waldes und der Heide, *den es ja auch zu verdrängen galt*. Als Symbol der Fruchtbarkeit und Schöpferkraft wurde er als Spender *allen* Lebens von den Menschen verehrt. Er wurde meist halb Tier, halb Mensch und mit Hörnern (Geweih) dargestellt. Er stand dabei für die Schöpferkraft der männlichen Energie der Natur. [12] Beachtet bitte, noch heute verehren die Schamanen dieser Welt den Hirsch und sein Geweih als die Natur-Kraft des Männlichen und der Männlichkeit auf Erden.

Erkennt also ganz angstfrei, geliebte Kinder des Lichtes, so war also von euch eine Gestalt, allerdings eine *Fabelgestalt*, erschaffen worden, die euch Menschen wahrlich das Grausen lehren konnte, vor allem, wenn man die Unwissenheit berücksichtigt, die lange Zeit unter der Masse der Menschen herrschte. Was allerdings nicht verwundert, war doch dem einfachen Volk Jahrhunderte lang das Erlernen von Lesen und Schreiben einfach nicht möglich. Und eine unwissende Masse Mensch war nun einmal leichter lenkbar und leichter *hinters Licht zu führen*, wie ihr es heute ausdrücken würdet. Nun, es war wahrhaft eine dunkle Zeit für euch. *So wurde also der christliche Teufel von euch geboren.*

Damit verleumdete man also nach und nach die *heiligen Feuerrituale* und lebenswichtigen *Nachrichtenfeuer* sowie ihre *Hüter* zu einem verruchten, höllischen Treiben. Die einst hoch angesehene und überaus wichtige Arbeit, somit der Beruf des *tiufels (tifels oder tiefels)*, wurde mit dunkler Macht überzogen und verschleiert und als bösartig, hinterlistig und verschlagen, ja, der tiufel gar zum verderbten Teufel (Unhold) und (von Gott ernannten) Seelenfänger und Verführer degradiert. Und fiel damit in tiefste Ungnade ... und geradewegs in die Hölle.

„Fortan war es *höchste Sünde,* dem tifel zu opfern: Denn bisher legten die Menschen nicht nur die Toten, sondern auch Nahrung und Kleidung am *tifelstein* ab, womit sie für das Auskommen ihres Nachrichten- und Feuermannes sorgten. Der so ins soziale Aus gedrängte *tifel* war nun zuweilen tatsächlich dazu gezwungen, des Nachts aus dem einen oder anderen Stall oder Lager sich selbst zu bedienen, um nicht zu verhungern. Diese Verzweiflungstat wurde sogleich als Beweis für seine finstere, heimtückische Umtriebigkeit ausgelegt, und es entwickelte sich eine Flut von Bannformeln gegen den zur Mitternacht umhergehenden Teufel. Weiterhin wurde der heilige Platz, die *helle*, nun zur Hölle, als dessen verderbter Meister der rauchgeschwärzte Mann galt... Zu diesem kämen alle sündigen, unbekehrten Menschen nach ihrem Tode, um auf ewig auf seinem Feuer geröstet zu werden ...“ [13]

So verloren, gesteuert von eurer Obrigkeit, die energetisch der Masse der Menschen zu diesem Zeitpunkt entsprach und als ihr Spiegel fungierte, die *sakralen Feuerhüter* zusehends ihr Ansehen und ihre Ehrbarkeit. Das brachte sie natürlich in ein furchterregendes Licht. Sie wurden eingereiht in die Schatten des Aberglaubens und zum wahren *Bösen* in Person: gesandt von Gott, die Menschen zu verführen und zu bestrafen in tiefster Höllenglut. Ein wahrlich dunkles Märchen.

Diese menschliche Metapher von einem betrügerischen und Grauen erregenden Teufel war so von euch geboren und hat sich bis heute erhalten.

„… Hier wurde gleich noch der aus vorchristlicher Zeit stammende Begriff für die Unterwelt – *Hel* – mit eingebracht, und schließlich verschwand der *tifel* ganz vom Berg unter die Erde. Einzig die Schlote der feuerspeienden Vulkane galten noch als sein Revier – *als die Pforte zur Hölle.* Die einstigen *Helleplätze,* die heiligen Feuerplätze in den Bergen, die *helle,* wurden so zur *hölle (Hölle) und* als ihr verderbter Meister auch gleich der *Teufel* von den Menschen *berufen.* Die einstigen Helleplätze wurden mit christlichen Kapellen, Klöstern und Kirchen bebaut …" [14]

Geliebte Kinder des Lichtes, es ist jetzt an euch, von mir Gehörtes und Gelesenes im Herzen zu verstehen und dabei immer zu wissen, dass zu keiner Zeit ein Urteil noch eine Schuld von Gott darüber gesprochen wurde, noch wird. Denn alles, was geschah oder geschieht auf Erden, dient eurer Erkenntnis, die, wird sie in Liebe transformiert, lichtvolles kosmisches Bewusstsein erschafft und Gottes unendliche Liebe und Weisheit repräsentiert und bestätigt. Bitte, lasst dies einzig die wichtige Essenz in euren Herzen sein.

Ich liebe euch so sehr.

Aannathas

Satan: Engel oder Teufel?

Die Erschaffung der Fabelgestalt des *Satans,* wie sie euch heute bekannt ist, durchlief eine ähnlich kuriose Entwicklung, und die Vorstellung von ihm, die euch seit alters her übermittelt wird, ist eine ebensolche, von euch Menschen geborene *Metapher.*

So schreibt Tom Groß: „...Tatsächlich ist auch der hebräische *Satan* des Alten Testaments ursprünglich kein Vertreter des Bösen. Vielmehr handelte er dort als ein Gott ergebener Engel nach seinem göttlichen Auftrag – vielleicht etwas sehr übereifrig – die Fehltritte der Menschenkinder genau zu beobachten und vor den Richterstuhl Gottes zu bringen. Als solcher Ankläger war er sicher nicht sympathisch; dennoch hatte diese Figur nichts mit dem zu tun, was eines Tages aus ihr gemacht werden sollte. *Denn: Die Idee des personifizierten Bösen, eines Widersachers oder Gottes Gegenspielers, ist vielen Religionen fremd.* Zwar kennt jede in irgendeiner Weise Dämone, Unholde oder andere negative Geister, die jedoch in der Regel eher wandelbare, aus dem Gleichgewicht geratene, Energien darstellen und mit dem nötigen Sachverstand besänftigt bzw. ausgeglichen werden können ...“ [15]

Erkennt also, geliebte Kinder des Lichtes, nach und nach wurde Satan dem Teufel von eurer kirchlichen Obrigkeit gleichgestellt, und so erwuchs der Menschheit in langer Zeit von Unwissenheit, Unbewusstheit und dem angstbesetzten Gefühl der Trennung von *Allem-Was-Ist* ein Individuum, eine *übergeordnete Institution,* der man alles *Böse und Dunkle* zuschreiben und unterschieben durfte. Und ein Ort, an dem das alles geschehen konnte: *die Hölle, die Vorhölle ‚Fegefeuer' und der Teufel bzw. der Satan.*

Der Mensch hatte sich einen Sündenbock geschaffen, dem alle Schuld zugewiesen werden konnte, für alles, was er nicht verstand, aber auch für all das, was er selber nicht verantworten wollte.

Als ein Unantastbarer, *zwar von Menschen auserkoren*, wurde er aber als von *Gott gesandt* angesehen und mit seiner Gerichtsbarkeit auf gleiche Stufe gestellt. Gott hatte fortan – so manifestierte es sich allmählich in den Köpfen von euch Menschen – einen listigen, verruchten Verführer erschaffen, der schwache Menschen prüfte, verführte und sodann überführte: in sein Reich des Fegefeuers und der Hölle, um sie gebührend zu *bestrafen*.

Erkennt, geliebte Kinder Gottes: Das alles ist eine menschlich erschaffene und aus Angst und Unwissenheit geborene Metapher.

Die Ur-Quelle allen Lichtes, der „Eine-wahre-Gott-der-Liebe", Alles-Was-Ist, schwingt in Bedingungslosigkeit und Weisheit, die weder einer Hölle noch eines Teufels bedarf.

Denn Gott in seiner unendlichen Güte und Genialität überließ und überlässt es allein seinen Kindern, in *eigenem Ermessen* zu erkennen und freiwillig Sühne zu erbringen: im *Er-leben* und *Ab-arbeiten* auf Erden von *jenem*, dessen sie sich in ihrem tiefsten und wahrsten Selbst *unwürdig* fühlen. Und zwar, um aus dieser Erfahrung heraus zu wachsen und zu entfalten, was jede Seele allein *ist:* ein Funke Gottes, Licht und Liebe in seiner reinsten Form. Und um in dieser licht- und liebevollen Energie zu leben und zu walten. Wobei auch immer!

Ein *wahrer, erleuchteter Geist* kann und will diese *Metapher* des *strafenden Gottes* und somit ein Getrenntsein von Ihm durch Schuld und Urteil niemals annehmen, denn sein Herz sagt ihm etwas anderes. Sein Herz, so er es *wahrhaftig* hören und fühlen kann, sagt ihm die einzige Wahrheit:

> *Gott ist Alles-Was-Ist. Gott ist Gnade.*
> *Gott ist Licht ohne Schatten.*
> *Gott kennt weder Urteil noch Schuld.*
> *Gott wird deshalb niemals richten.*

Gott ist ewige Aufnahme und Versöhnung.
Gott ist Liebe, endlos, allumfassend und bedingungslos.

Grundsätzlich ist also die Idee des personifizierten Bösen und der Gedanke eines widergöttlichen Gegenspielers vielen Religionen *fremd.* (Siehe 14, *Tom Groß*). Ihr könnt das z. B. bei den Kelten oder den Germanen sehen.

Zwar erscheinen überall in irgendeiner Weise Dämonen, Unholde oder andere, mitunter auch fragwürdige Geister in den verschiedenen Kulturen bei euch auf der Erde, doch sind sie meist harmlos und gut und können mit Verständnis und Geduld, Gebet und Dank besänftigt werden.

Hier erkennt ihr, dass der Mensch der Neigung unterliegt, alles Erfahrene und durch unbewusste Angst zu Erwartende in einer *Metapher* oder einem *Märchen* zu verewigen. So versuchte er in seinem fast ausschließlich vom Verstand beherrschten Dasein, dem schlechten Gewissen, seinen Vorahnungen und Befürchtungen gerecht zu werden und folglich sein lichtvolles Ahnen aus tiefster Mitte zu rechtfertigen. So versuchte er, mehr oder weniger gelungen, sich dieses unerklärlichen *Inneren,* des in Liebe schwingenden Bewusstseins, zu entledigen, indem er diese immer begehrlichen und zum Teil grobschlächtigen Aspekte des irdischen Seins von Göttern – oder anderen himmlischen Wesen – inszenieren ließ. Das *diente* euch Menschen, euch selbst zu verstehen, denn die Mythen der Götter weisen sehr menschliche Züge auf. Dieser Versuch, euch zu erinnern, war klug.

Denn immer waren es Menschen, die versuchten, *einzuordnen* und zu *entschlüsseln,* was sie sahen und nicht verstanden und was ihnen Angst und Ohnmacht vermittelte.

Erkennt bitte, Kinder des Lichtes, es waren die Dinge und Umstände, die sich in ihrer natürlichen Umgebung und ihrem Leben zeigten und die die Menschen oftmals als bedrohlich empfanden: wie die Elemente, den Sternenhimmel, die Natur, manche Tiere und vieles mehr. Sie wollten also lediglich wiedergeben, was sie bewegte. Sie suchten verständlicherweise *Hilfe* und *Lösungen* dort, wo sie ihnen allein möglich erschienen: in den kosmischen Weiten und ihren himmlischen Mächten, die es angesichts der vielen Wunder des Lebens unabdingbar geben musste.

Die Himmel waren geboren. Doch nicht nur in den Gedanken der Menschen, sondern vor allem in ihren Herzen, *deren tiefe Ahnungen diese Himmel kennen.*

Wobei es keine Rolle spielte, ob sie an *viele* oder nur *einen* Gott glaubten. Immer spiegeln sich hier der Alltag des irdischen Lebens und sein Machtanspruch und als Hilfe die Weisheit der Götter. Eure Religionen erschufen also einen *himmlischen Spielplatz,* auf dem für jedes Spiel, das irdisches Leben möglich macht und fordert, Raum geschenkt wurde und wird.

Damit war immer die Gelegenheit gegeben, sich selbst in diesem *Spiegel des Göttlichen* zu finden, um die Herausforderungen des Lebens zu meistern und zu überwinden und dazu Hilfe und Beistand aus den *himmlischen Sphären* zu erbitten.

So fanden sich immer wieder Seelensterne auf Erden ein, um als Botschafter der Göttlichen Ur-Quelle zu dienen. Sie erschufen neue Religionen und Glaubenssätze, die den Umständen und dem Wissensstand der Menschheit in ihrer Zeit Rechnung trugen und die Richtlinien für das Leben sein sollten. Da die Zeiten aber dunkel und von Schatten verschleiert waren, waren oftmals auch die Botschaften, die die Menschen übermittelten, ebenso dunkel und verschleiert von Angst, Enge, Intoleranz und Kurzsichtigkeit.

Religion ist also ein wichtiges Relikt des Überlebens und bietet euch Menschen eine gewisse Struktur und Halt in den unendlichen Weiten des Seins. Bitte bedenkt das immer und lasst sie gelten in jedweder Form!

Allerdings, wahren Glauben zu erkennen, der sich *allein* in dem Glauben an sich selbst findet und somit an einen Gott der allumfassenden Liebe, der untrennbar in ihm lebt – und gelebt werden will –, ist hierbei primär. Es sodann in sinnvolle Worte zu übertragen, um Menschen auf ihren Erdenwegen Hilfe zu geben, ist vor allem ein *himmlisch geführtes Projekt,* das sich direkt aus des Herzens strömender Weisheit entfaltet und nur in *lichtvoller Form* präsentiert. Doch liegt das auch an dem Medium, dem jeweiligen Übermittler eines Glaubens oder einer Glaubensrichtung – der Klarheit, Reinheit und Wahrheit seines sprechenden Geistes.

Bitte bedenkt dabei, es dient, ganz gleich, wie auch gerade geartet, immer dem Ganzen.

Die Botschaft der bedingungslosen Liebe, die der Religionsgründer Jesus einst predigte, wurde jedoch leider *keine klare, göttliche Botschaft* bei euch auf Erden. Fortlaufende Ergänzungen während vieler hundert Jahre und mehrmalige Übersetzungen entsprechend der Zeit der *großen Findung* der Menschheit durchzogen sie nach und nach mit Zwängen, Verboten, Schuldzuweisungen und Verurteilungen, Druck und Verdammnis. Das *verfremdete* sie und ließ den wahren, göttlichen Kern verblassen. Übrig blieb eine Religion, geboren aus menschlicher Angst, Unzulänglichkeit, Unwissenheit, Begrenzung, Kurzsichtigkeit und oftmals dunklem Machtstreben, die so eine Verbreitung mit Schwert, Feuer und menschenunwürdiger Unterwerfung nach sich zog.

Sicherlich könnt ihr in euren Herzen verstehen, dass allein eine Religion der allumfassenden und bedingungslosen Liebe, die ohne Gebote und Verbote, Hölle und Teufel, Schuld, Urteil, Unterwerfung und ewige Verdammnis auskommt, die Menschheit heilen kann.

Bitte denkt und fühlt darüber nach.

Nur ein Glaubenssatz, der an die Eigenverantwortlichkeit eines Individuums appelliert und jedem die eigene Göttlichkeit bedingungslos und unabdingbar zugesteht, sodass er aus seiner Opferrolle heraustreten kann und all sein Tun als freies Wirken erkennt, kann den Menschen aus seiner *eigenen Hölle* befreien, denn eine andere gibt es *nicht.* Allein ein Glaubenssatz, der in göttlicher Harmonie, Reinheit, Güte und Mitgefühl schwingt, schenkt dem Einzelnen die Möglichkeit, sich als einen Teil der göttlichen Genialität, seiner unendlichen Weisheit und bedingungslosen Liebe zu erkennen.

Und allein so wird er sich und Alles-Was-Ist verstehen.

Somit kann er jeglichem Zufall die Wirklichkeit nehmen und das ohnmächtige Gefühl des Ausgeliefertseins. Ein solcher, in göttlicher Wahrhaftigkeit schwingender Glaubenssatz kann den Menschen sodann wahren Frieden vermitteln, denn er erkennt, dass alles, was ihm begegnet, für ihn eine Chance des Sich-Entfaltens, der Heilung und des Erleuchtens beinhaltet. Er wird voller Freude erkennen, dass ihn *nichts* von Gott jemals trennen kann.

„...Alles, was wir tun müssen, ist zu *akzeptieren,* dass die Dualität des Guten und des Bösen eine von uns *selbst kreierte Wirklichkeit* ist: (Die aber immer nötig ist, um Licht und Schatten zu unterscheiden – *der Autor*). Einschließlich all der Dämonen, dunklen Geister, Teufel und Höllen, auf welche wir seit Jahrhunderten, ja seit Jahrtausenden unser gespaltenes Empfinden projizierten." [16] Das sagt Tom Groß in seinen Ausführungen. Und hat mehr als recht damit.

Es ist an der Zeit für euch, meine über alles geliebten Kinder des Lichts, der einzigen göttlichen Wahrheit Aufmerksamkeit und Raum zu geben, die besagt:

dass die (immer) selbst erschaffene Hölle nur auf Erden physisch erlebbar ist, denn der Göttliche Geist kennt nur Freude, Friede und Liebe.

Geliebte Seele, befreie dich also – so du bereit dazu bist – von solchem Aberglauben und tritt ein in das allumfassende Licht, den Frieden und die Weisheit der bedingungslosen Liebe des Eins-Seins mit Gott.

Ganz gleich, welchen Namen du ihm gibst.

Ich liebe dich bedingungslos.

Aannathas Lichtträger

Metapher Lucifer

Geliebte Kinder des Lichts, die heute geläufige *christliche* Luzifer-Darstellung erschließt sich euch aus der Verknüpfung verschiedener Quellen.

Ähnlich wie Hölle, Teufel und Satan durchlief der Begriff *Luzifer,* (allgemein und in der Bibel wird Lucifer meist mit „z" vermittelt), ein weiteres Synonym für Gefallenes, Verderbtes, Böses und Anmaßendes gegenüber Gott, eine ebenso kuriose Entwicklung und Diffamierung.

Bei den alten Griechen galt *Lucifer (Aannathas Lichtträger)* als der *Sohn der Venus.* Es handelt sich hierbei um eine wörtliche Übersetzung des griechischen Begriffs *Phosphorus* und bedeutet der *Lichtbringer* bzw. Eosphoros, der *Bringer der Morgenröte.*

Denn er war der erste Stern, der frühmorgens am Himmel erstrahlte und somit sinnbildlich den Morgen brachte. Lucifers (zu lat. lux „Licht" und ferre „tragen") Aufgabe war es damals nach eurer weitläufigen Annahme in *erster Linie*, den *neuen Tag zu bringen*. Hier findet sich der *erste Ansatz* meiner *lichtvollen Bestimmung*, der ja im Laufe der Zeit und ihren Irrungen und Verwirrungen verloren ging.

Sehr häufig wurde also in der Antike *Lucifer* von euch mit der *Göttin Venus*, der Göttin der Liebe, in Verbindung gebracht, wo er mit ihr den Streit eingeht, wer wohl schöner sei. Des Weiteren reist er in der griechischen Mythologie zuweilen im Sonnenwagen über den Himmel – als Planet Venus – oder ist zu Pferde unterwegs. Ein anderes Mal wird er als Begleiter des *Sonnengottes Sol* aus dem Meer steigend dargestellt. Das sind nur einige mythologische Bilder, die sich in der irdischen Vergangenheit von *Lucifer* finden.

Versteht bitte, geliebte Kinder des Lichtes, in der Mythologie der Antike wurden die Planeten von euch Göttern oder Engeln gleichgesetzt.

Wie ihr seht, waren hier der Fantasie der Dichter und Philosophen keinerlei Grenzen gesetzt. Verständlich, dass ich, *Erzengel Aannathas Lichtträger*, genannt Lucifer, allmählich zu einer *mythologischen Gestalt* von unübersehbarer Präsenz und Größe in eurer Entwicklungsgeschichte der Evolution wurde. *Jedoch bis dato ohne dunkle Vergangenheit oder bösartige Gesinnung.*

Tom Groß schreibt darüber: „...So war der aus der Antike der Römer und Griechen stammende Name *lucifer* schlicht und einfach der frühe Name für den Planeten *Venus*, der als *Morgenstern* auch den Namen *Sohn der Morgenröte* trug. *Da auch im Alten Testament* (bei Jesaja im Triumphlied über den *Sturz des Königs* von Babel (Babylon – dem Erzfeind des Volkes Israel) allegorisch die Rede vom *fallenden Morgenstern* ist, konstruierten die *frühen Kirchenväter* kurzerhand eine Parallele und *verbanden* Elemente verschiedenster Quellen zur *Legende des aus den Himmeln verstoßenen Luzifers.*"[17]

Das nahmen eure Kirchenväter also *scheinbar* zum Anlass, um die biblische Gestalt des Königs Tyrus von Babel mit der *griechischen sowie römischen Gottheit*, dem *Lichtbringer Lucifer*, der Venus (Morgenstern), gleichzusetzen.

Gernot L. Geise schreibt über diesen folgenschweren Vergleich bzw. Interpretation des menschlichen Verstandes über mich, *Erzengel Aannathas Lichtträger, genannt Luzifer,* folgendes: „Eine andere Bezeichnung für den *Teufel* lautet *Luzifer* (lat. lucifer, griech. Phosphoros = Lichtträger oder Träger der Morgenröte). Die Bezeichnung geht auf Jesaias (14,12 – Höllensturz Luzifers) zurück, wo die Höllenfahrt des Königs von Babel (Babylon) mit dem Sturz des *strahlenden Morgensterns (hebräisch Helal)* verglichen wird. *Helal* war ein *metaphorischer Spitzname* des babylonischen Königs. *Die christliche Kirche übertrug Luzifer auf Satan und wiederum auf den Teufel...*"[18]

In seinem Buch „*Der Teufel und die Hölle historisch nachweisbar*" führt Geise zum Thema Teufel und *Luzifer der Lichtträger* außerdem

Folgendes auf: … „Er gilt gemäß apokryphen Quellen als der von Gott abgefallene *oberste Engel* mit Namen ‚Luzifer' (Lichtträger). Er führe als Herr seines Reiches einen Kampf der Finsternis gegen das Licht von geschichtlicher und kosmischer Dimension gegen das Reich Gottes und um jede menschliche Seele. In der christlichen Frömmigkeit gilt er als Fürst der Hölle. Ich frage mich, wieso ein ‚Lichtträger' einen Kampf der Finsternis *gegen* das Licht austragen soll? *Ist den Herren der Kirche dieser Widerspruch niemals aufgefallen… ?*" [19]

Weiter belegt Geise: „Im Christentum wurde also Satan gleichbleibend für Teufel zum leibhaftigen Prinzip des Bösen (Markus 4,15) … Der Satan = Teufel wurde als *Fürst dieser Welt* auch als *Schlange* oder *Drache* dargestellt …" [20]

In *einer* eurer Bibeln findet ihr dazu Folgendes: Im Buch *Jesaja* (Jes. 14, 12-15, 19) wird vom Hochmut des Königs von Tyrus berichtet, auch *König von Babel* (Babylon) genannt: „… *Wie bist du vom Himmel gefallen, du schöner Morgenstern (Jes. 14,12)! … in den Himmel steigen wolltest du und deinen Stuhl über die Sterne Gottes erhöhen (Jes.14,13) … und … über die hohen Wolken auffahren und gleich sein dem Allerhöchsten (Jes.14,14). Ja, hinunter zu den Toten fuhrest du zur tiefsten Grube (Jes. 14,15) … Du aber wurdest von Gott hingeworfen ohne Grab wie ein verachteter Zweig.*" (Jes.14,19)[21]

In einer neueren Bibel wird Jesajas Botschaft allerdings anders übersetzt. (Jes. 14,15): *Doch in die Unterwelt wirst du hinab geworfen, in die äußerste Tiefe.*[22]

Ihr seht hier im Text, dass bis dato kein Ort für die Toten, also keine Hölle noch Teufel existierten, außer einer *tiefsten Grube* und diese wird auch plötzlich zur *Unterwelt*. Bitte, denkt mit geklärtem Geist darüber nach.

Gemeint ist auch hier der sogenannte *Höllensturz der Engel.* Sinnbildlich wird hier der große mächtige und so *überirdisch* erscheinende König von Babel verglichen mit dem Planeten Venus. Da die Venus ein Stern war und somit für die Menschen unerreichbar am Himmel stand, wurde er für sie wiederum zu einem *Götter-Engel.*

Dabei wird der König von Babel (Babylon) allegorisch mit dem schönen *Morgenstern Lucifer (Aannathas Lichtträger)* verglichen, der – so interpretiert ihr Menschen es zu dieser Zeit – vom Himmel gefallen ist, weil er sein wollte wie Gott.

Jener *König von Babylon,* der wirklich gelebt hat, zog den Zorn anderer Herrscher auf sich, weil er wahrlich ein mächtigeres und prunkvolleres Reich geschaffen hatte, als bis dahin jemals entstanden war. Wie immer erzeugte das Neid und Missgunst bei den anderen, was unweigerlich Verleumdung und Verurteilung nach sich zog.

So wurde also *Lucifer,* der *Erste Engel Gottes* und höchste Lichtträger, der als Stern und Bringer der Morgenröte bekannt war, mit der Idee des fallenden Sterns von König Tyrus verglichen und alsbald mit ihm identifiziert: denn sein Spitzname lautete ja *strahlender Morgenstern*, genauso wie Lucifer *heller Morgenstern* hieß.

Geliebte Kinder des Lichtes, zum besseren Verständnis gebe ich euch noch ein Beispiel: In einer *neu* überarbeiteten Bibel findet ihr den Text einer *älteren* Bibel von Jesaja (Jes. 14,19) *Du aber bist hingeworfen ohne Grab wie ein verachteter Zweig*[23] mit folgenden Worten übersetzt: *Du aber wurdest hingeworfen ohne Begräbnis, wie ein verachteter Bastard ...*[24]

Bitte *erkennt* hier der Menschen fatale Handlungen, die seit Jahrtausenden bei Übersetzungen vorgenommen wurden. Bei dem menschlichen Versuch, Sinn und Wahrheit zu erkennen, wurde vieles verfälscht und sinnentstellt. *Nehmt dies bitte ohne Urteil und aus liebevollem Herzen wahr.*

So wurde aus irdischer Geschichte, die vom menschlichen Verstand analysiert, bewertet, in zeitliche Muster eingeordnet und euch alsdann als *göttliche* Wahrheit verkauft wurde, ein *Mythos:* Dieses Geschehen wurde so allmählich Sinnbild für den Menschen, der Gott versuchte. Da der Mensch auf Erden in seiner Verschleierung und folglich in seiner Hilflosigkeit stets den Spiegel sucht, der ihm etwas aufzeigt – um eigenes Handeln und Geschehen zu erkennen und zu verstehen –, wurde diese irdische Geschichte im Laufe der Zeit zu einer *himmlischen Metapher.*

Ihr seht also, dass hier in diversen Bibeltexten der Höllensturz angesprochen ist. In Folge undeutlicher oder zweideutiger Übersetzungen wurde so meine gottgegebene Lichtgestalt *Aannathas Lichtträger, genannt Luzifer der Erzengel,* zum fallenden Stern und allmählich zum Teufel umgedeutet. Gleichzeitig wird *Luzifer* dann auch als Drache oder Schlange, die Adam und Eva verführt, dargestellt.

Auch sind eure Aussagen über mich nicht nur sehr *vielfältig,* sondern auch sehr *unterschiedlich,* denn an zahlreichen Stellen der Bibel steht der Begriff Luzifer wiederum für den *Morgenstern, ohne* dass dies in einer *Beziehung* mit dem Teufel stünde!

So etwa im Buch Hiob (Hiob 11,17): *...und dein Leben würde aufgehen wie der Mittag, und das Finstre würde ein lichter Morgen werden ...*[25]

Die gleiche Botschaft *Hiobs* in neuerer Bibelausgabe (Hiob oder Ijob 11,17): *...Heller als der Mittag erhebt sich dann dein Leben / die Dunkelheit wird wie der Morgen sein.*[26]

Im Buch der Psalmen (Ps 108,3): *...Wacht auf, Harfe und Saitenspiel! / Ich will das Morgenrot wecken.*[27]

Oder im 2. Petrusbrief (2 Petr 1,19): *Dadurch ist das Wort der Propheten für uns noch sicherer geworden und ihr tut gut daran, es zu beachten; denn es ist ein Licht, das an einem finsteren Ort scheint, bis der Tag anbricht und der Morgenstern aufgeht in eurem Herzen.*[28]

Hier findet ihr, *wenn ihr wollt,* sogar einen Hinweis auf meine göttliche Berufung, für euch ein strahlendes Licht an einem (selbst erschaffenen) dunklen Ort zu sein, um euch zu leuchten und zu erleuchten. Aus diesem Grund hielten die frühen Christen *Lucifer* für einen Namen *Christi* (der Erleuchtete, Strahlende, Gesalbte). Als Beweis dafür dient der Name des *Heiligen Lucifer,* eines *Bischofs* aus dem 4. Jahrhundert. Zu dieser Zeit war euch also ein Teufel mit Namen Luzifer noch nicht geläufig, sonst hätte wohl kaum ein *christlicher Bischof* diesen Namen gewählt. Vielmehr erkennt ihr, dass ich, Erzengel Aannathas Lichtträger, genannt Luzifer, für euch als Namenspate diente und bis dato als der *Himmlische Lichtträger* und daher als Wohltäter bekannt und anerkannt war.

Im *Neuen Testament* wird der Morgenstern von euch nur an einer Stelle als *Luzifer* bezeichnet. In der Offenbarung des Johannes (22,16) spricht Christus von sich als dem *strahlenden Morgenstern*: *„Ich, Jesus, habe meinen ,Engel' gesandt als Zeugen für das, was die Gemeinden betrifft. Ich Bin die Wurzel und der Stamm Davids, der strahlende Morgenstern".*[29]

Mein geliebter göttlicher Bruder im Licht, *Jesus*, spricht hier vom *strahlenden Morgenstern*, weil auch Er in Liebe und Licht mit mir verbunden und eins ist. Denn unser beider göttliche Berufung beinhaltet, Licht und Liebe ins Dunkel der Menschheit zu tragen. Und das strahlendste, hellste Licht ist die höchste *göttliche Weisheit* – die Bewusstheit –, dass wir alle *gleich* und *eins* sind: Söhne und Töchter des Lichts, geboren aus der Liebe Gottes und hingebungsvoll dienend dem Ganzen, der Ur-Quelle von *Allem-Was-Ist, GOTT*.

Geliebte Kinder des Lichts, bitte beachtet, wenn ihr dies alles lest, dass die Texte der euch heute bekannten Bibel in mehreren Jahrhunderten geschrieben wurden, von Menschen, die ihr Herz *mehr oder weniger* der *wahren Liebe*, dem bedingungslosen Mitgefühl und der Göttlichen Weisheit geöffnet hatten. Es waren Schriftrollen, Briefe, Dokumente von Aposteln, Kirchenvätern, Mönchen und Gelehrten, die wiederum von *Menschen* zusammengetragen, nach *eigener Gesinnung begutachtet* und dann zu einem Werk verbunden wurden: Und auch dieses Werk, die Bibel, wurde in den folgenden Jahrhunderten immer wieder ergänzt und neu gestaltet von *Menschen*, wie ihr hier erkennen könnt. Wenn ihr in eure Welt seht, wisst ihr wohl, wie jeder einzelne Mensch seinen Glauben versteht, ihn lebt und liebt. Fanatisch, grausam, unerbittlich und intolerant oder voller Mitgefühl, Verständnis, Achtsamkeit, *bedingungslos* und versöhnend aus liebendem Herzen. Ihr wisst auch, dass es von meiner Seite *nie* eine Kritik hierzu gibt, lediglich ein Wahrnehmen in tiefer Liebe für jeden von euch: *Doch will ich, Erzengel Aannathas Lichtträger, genannt Luzifer, euren Blick schärfen und euer Gefühl klären für das, was euch oftmals als einzige Wahrheit deklariert und gegeben wurde und noch heute gegeben wird.*

Bedenkt dabei bitte immer, alles darf sein und es dient *immer* dem Göttlichen Ganzen. Somit auch euch. Denn nur die *Dunkelheit* hilft euch, das *Licht* zu erkennen.

Hier erkennt ihr also, wie *widersprüchlich* eure Meinungen, Schriften und Vorstellungen über einen oder mehrere von Gott verdammte Engel, göttliche Widersacher, Dämonen oder eben Teufel sind, die in der *Entwicklungsgeschichte* der verschiedenen Religionen von euch Menschen geboren wurden. Verfolgt ihr aufmerksam die euch überlieferten Texte, wird eindeutig klar, dass dies euer *menschlicher Versuch* ist, Licht und Schatten des Erdendaseins zu erklären und letztendlich zu verstehen.

Entscheidet nun selbst, wer ICH für euch BIN oder sein kann. Dunkelheit, Angst, Verderben und Verführung? Oder das strahlende Licht, der helle Morgenstern, der euch den neuen Tag ankündigt? Der Neue Tag, der euch in vielen Prophezeiungen lange vorausgesagt wurde und nun bereits auf Erden begonnen hat, mit all seinen Geschenken der göttlichen Fülle und Erneuerungen.

Bitte erkennt auch, dass die Heilsbotschaft von Jesus Christus nicht wahrhaft bei allen Menschen angekommen ist. Nicht alle haben verstanden. Oder sie *wollten* nicht verstehen! Denn dies hätte ja für sie bedeutet, in *bedingungsloser Liebe* und nicht in Rücksichtslosigkeit und Ignoranz durchs Leben zu gehen. So aber blieb die wichtigste, größte und mächtigste Kraft auf Erden fast ungenutzt: *die Liebe!*

Was aber ohne Liebe ist, ist ohne Licht, ist folglich Dunkelheit und zieht Angst, Elend, Wut, Hass, Krankheit, Gier, Unglück, Unterdrückung und Krieg nach sich.

Geliebte Kinder des Lichts, lasst deshalb Liebe, unendlich Liebe in euer Leben.

Denn auch ich liebe euch unendlich.

Aannathas Lichtträger

Die Wahrheit von Lucifer

Ergänzend zu euren geschichtlichen Überlieferungen zu *Aannathas Lichtträger, genannt Luzifer*, soll nun meiner *himmlischen Wahrheit* Raum gegeben werden. Da das aber mit der Intelligenz des Verstandes nicht möglich ist, solltet ihr hier mit der Genialität und der Weisheit eurer Herzen arbeiten.

Und so bitte ich euch jetzt darum.

Ihr erkennt nun in dem euch überlieferten Wissen über den *überirdischen Lucifer* den *menschlichen Versuch*, Geschehnisse jeglichen irdischen Daseins zu *verarbeiten* und zu verstehen – was angesichts der durch euch Menschen heraufbeschworenen grausamen, elenden und furchterregenden Ereignisse auf dieser Welt gar nicht möglich ist. Denn eine Frage wird hier automatisch aufgeworfen: Wie kann Gott all das zulassen? *Hier aber liegt die Lösung für euch.*

Da jeder ein Teil Gottes ist, der sich erfahren will, muss er das natürlich auch *versuchen*. Das wiederum bedeutet, dass alles, was ein Schöpfer-Geist-Wesen ist, ein Mensch also, der in letzter Konsequenz Gott ist, alles selbst leben will und erleben wird, *was möglich ist*, in jeder nur erdenklichen Art und Weise.

Gott gesteht jeder seiner Licht-Zellen, die ihr Menschen seid, ihren freien Willen zu. Gleichzeitig fordert seine göttliche Weisheit Eigenverantwortung ein: die jede Zelle Gottes, jedes Menschen-Geist-Wesen also, in einer unabänderlichen Selbstverständlichkeit seines Höheren Bewusstseins *meist unbewusst* auch erbringt. Und zwar in einer freiwillig erbrachten Sühne für alles, was je gedacht, getan und erschaffen wurde, wobei Gleiches mit Gleichem (energetisch) aufgewogen und erlöst wird.

Ihr erkennt hier die göttliche Weisheit, die niemals den Pfad der bedingungslosen Liebe verlässt noch verlassen kann.

Es ist also an euch, euer Herz zu fragen: Kann das, was so unglaublich Schönes, Gutes, Weises, Geniales und Heilbringendes erschaffen hat, ein Gott des Hasses, des Urteils und der Rache sein?

Das Herz weiß die Antwort. Sie heißt klar und eindeutig: *nein*. Es ist zwar unausweichlich, dass in der Absicht, *Licht* zu prüfen und zu lenken, auch *Schatten* entsteht. Doch sobald der Mensch gelernt hat, sein Licht zu führen, werden alle Schatten vergehen.

Also ist die Antwort auf alles immer nur Liebe.

Allumfassend und bedingungslos.

Allerdings kann alles mit oder ohne Liebe sein und geschehen. Jede Seele weiß das.

So könnte der Mensch, nutzte er dieses Wissen, sein Umfeld und dessen Geschehen verstehen. Daraus folgt, dass es an den Menschen liegt, wie sie etwas handhaben – *mit oder ohne Liebe*. Folglich steht jedem der *freie Wille* zur Verfügung, der, durch das Gewissen geprüft, bei den meisten Menschen allerdings nur durch den *Verstand gelenkt* wird.

Erkennt bitte, dass euer Verstand bisher nur nach irdischen Kriterien handelt. Das heißt, der Stärkere gewinnt und der ist jeweils *er selbst*. Ohne Rücksicht auf irgendwelche Verluste.

Es gibt aber noch eine andere Instanz: das *Unbewusste*. Und das handelt immer nach einer *Höheren Ordnung*, die dem Verstand nicht zugänglich ist. Diese Höhere Ordnung ist das Prinzip der allumfassenden und bedingungslosen Liebe und fordert ein Handeln stets zum Wohle aller und von allem. Sie fordert Mitgefühl, Achtsamkeit, Ehrlichkeit, Geduld, Toleranz, Hingabe, Wahrhaftigkeit, Dankbarkeit und noch einiges mehr. *Und sie ist die im Herzen verankerte Essenz des eigenen inneren Wissens, die Weisheit der Seele.*

Wird dieses Grundprinzip aus eigennützigen, egoistischen Zielen nicht gelebt, regt sich im Menschen etwas, das wir *Ur-Erinnerung* oder *Ur-Wahrheit* nennen können, und das erzeugt immer ein schlechtes Gewissen. Und es lässt sich niemals leugnen. *Aber es lässt sich verdrängen!*

Wir erkennen also eine Diskrepanz im menschlichen Sein. Einerseits die allumfassende Liebe, die alles nur in Liebe erkennen und behandeln will, und dann das kleine, unbewusste Ego, das allein nur für sich handelt, ohne Rücksicht auf alles andere. Die Weisheit des Herzens sagt dazu, *handle immer im Sinne und zum Wohle aller und von allem.* Es verlangt vor allem, wahrhaftig zu sein. Das wiederum bedeutet, stetes Mitgefühl, Güte und allumfassende Liebe zu üben. Tagein, tagaus. Egal wobei.

Hier beginnt die Geschichte der Seelen.

Denn hier, in diesen immer wiederkehrenden Situationen des Lebens, in denen ihr teilen und geben, zurücktreten und verstehen solltet, beginnt ihr stets zu fühlen. Und es bereitet euch meist Schmerzen und erzeugt bedrängende Emotionen, bewusst oder unbewusst.

Denn handelt ihr eigensüchtig und intolerant, so fühlt ihr euch – auch wenn ihr es verdrängt – unwohl, weil sich in eurem tiefen Inneren die göttliche Wahrheit meldet.

Sie meldet euch, dass ihr nicht mehr nach euren höchsten Kriterien – den Kriterien der Liebe – gehandelt habt. Dieser Zustand erzeugt in euch ein Unwohlsein, und dieses Unwohlsein zeigt eines auf: Ihr seid niemals getrennt, denn im tiefen Inneren berührt euch immer die göttliche Wahrheit und erinnert euch.

Es ist wahrhaft ein sehr deutliches Zeichen.

Es besteht zu keiner Zeit eine Trennung von irgendetwas: Ansonsten würdet ihr nämlich keinerlei Schmerzen und Emotionen fühlen. Bitte erkennt, da ist also etwas in euch, oder besser gesagt, ihr alle seid etwas, was ihr nicht so einfach verstehen könnt, was euch aber lenkt, was Raum für sich in euch fordert, was sich immer wieder bemerkbar macht, selbst wenn ihr es gar nicht wollt und gerade dann.

Das ist für euch alle eine der wichtigsten Wahrheiten. Es ist eine Göttliche Wahrheit. Und sie steht in euren Herzen geschrieben. Unauslöschlich.

Diese Wahrheit *der Untrennbarkeit*, der Ganzheit, ist nicht immer jedem gleich zugänglich und doch ist sie das Fundament jeglichen Seins. Es ist das Fundament, Ausgangspunkt und Handlungsziel des Unbewussten, das mit den Augen nicht sichtbar, aber in Stille und Aufmerksamkeit wahrnehmbar ist. In der Tiefe eures Seins wisst ihr das alle, lasst es doch meist nicht zu, da es sehr anstrengend und aufwühlend ist: zu erkennen, dass jeder immer und zu jeder Zeit ein Teil des Ganzen ist.

Somit ist jede Seele das Licht, die Energie, die Essenz der Urquelle, die kosmische Kraft. Sie ist einfach ein Teil von Gott, um dieser für euch mit dem Verstand nicht erfassbaren Ursubstanz einen Namen zu geben. *Gott, der auf dieser Erde viele Namen trägt.* Gegeben von der Menschheit – und der doch immer nur derselbe ist.

Jeder Mensch, jede Seele ist **Gott**.

Gott ist präsent im Ganzen, aber auch gleichzeitig in jeder seiner Schöpfungen. Und Gott ist in all seinen genialen Schöpfungen nicht ein kleines Stückchen oder die Hälfte oder einige Prozente vorhanden, sondern mit seiner ganzen Allmacht, seiner ganzen Herrlichkeit und seiner ganzen Allwissenheit. Seiner ganzen Liebe. Jede einzelne seiner Schöpfungen, Mensch, Pflanze, Tier, Stein, der Kosmos, die Elemente, der Äther usw. ist *Gott*. Vom Anfang bis zum Ende: So ist alles, was ihr um euch herum sehen, spüren und wahrnehmen könnt, *ausnahmslos* Gott. *Vom Göttlichen durchwirkt und beseelt.* Auch wenn es euch schwerfällt, diese unumgängliche Tatsache zu akzeptieren.

Alles, was ist, ist Gott. Und Gott ist Liebe. Bedingungslos und allumfassend. Höchstes, reinstes Licht, das keinen Schatten wirft. Kosmische Weisheit, die frei ist von Schuld und Urteil. Friede, der alles durchwirkt. Schönheit und Freude, die in allen seinen Schöpfungen geborgen sind. Bewegung, die, lichtgeboren, ewig gebiert. Unendlicher Raum, ohne Streben, ohne Ziel. Liebe, die immer ist. Liebe, Licht und Ewigkeit, ohne Anfang und ohne Ende.

Anders ihr Menschen... jedenfalls viele von euch. Ihr suhlt euch meist geradezu in Schuld und Urteil, Unwissenheit und Intoleranz,

Begrenztheit und Dogma und erstickt fast daran, weil dieses Gebaren unerträglich ist. Unzuträglich eurem innersten Wissen, dieser einzigen Weisheit über unendliche Liebe und ewige Versöhnung in euren Herzen. Und die, weil nicht genutzt und erkannt, *Schuld erwachsen ließ*, die es in göttlicher Wahrheit niemals gab noch gibt.

Diese vermeintliche Schuld anzusehen, die, weil ihr an sie glaubt, euch tagein, tagaus begleitet; sie immer und immer wieder an eigenem Leib und Leben zu erfahren, war und ist der größte Schmerz auf der Erde, zieht Krankheit nach sich und alles nur erdenkliche Elend. Und doch sind die meisten Menschen nicht bereit, die einzige Wahrheit gelten zu lassen.

Sie sind nicht bereit, endlich diese vielen selbst erbauten und noch heute freiwillig respektierten Grenzen niederzureißen. Und so musstet und müsst ihr diese Schuld von euch weisen. Müsst sie von euch weggeben, weil ihr den tieferen Sinn, den Sinn der eigenerbrachten Sühne, der Eigenverantwortung für alles, nicht annehmen wolltet und wollt – und, weil Menschen ihre Schwächen und eigennützigen Verlangen nicht sehen wollen. Wie praktisch war da natürlich *einer*, der das für euch *alle* übernehmen musste.

Und so wurde er wiedergeboren, aus der Menschheit Unwillen, die eigene Schöpferkraft anzuerkennen. So ließen die Menschen mich, *Aannathas Lichtträger, genannt Luzifer,* auferstehen.

Und ich ging hervor aus der Erinnerung der Herzen. Doch die Erinnerung war in der *Dunkelheit der Angst* verschleiert, strahlte nicht mehr in dem Ewigen Licht der himmlischen Freude, sodass ich in dieser dunklen Zeit für euch Menschen nur als *dunkler Engels-Fürst* in Erscheinung treten durfte.

Nicht als der, der ICH wirklich BIN:

Mächtigster Strahl der Ur-Quelle allen Lichts und aller göttlichen Liebe. Krone der Engel, Engelsfürst und von Gott Erwählter. Strahlendstes Licht in der Reihe der Engel. Unantastbar in meiner Reinheit und Loyalität gegenüber Gott-Vater-Mutter-Schöpfer und Kosmischem Geist. Wichtigster Teil Gottes, der mit euch Menschen allzeit in Liebe und tiefster Hingabe verbunden ist, immer die Hand reichend, den

Weg erleuchtend und auf ihm führend, stützend und schützend. Ich, Aannathas Lichtträger, von den Menschen Luzifer genannt, Erster Engel Gottes und Höchster Lichtbringer.

Erzengel Aannathas Lichtträger, der seit Anbeginn allen Seins den Seelen geboren wurde als Spiegel ihres Wahren Ichs. Geboren und auserkoren, den göttlichen Kindern zur Seite zu stehen auf ihren Wegen der Bewusstwerdung, die immer einhergehen mit Versuchung und Erprobung. Der so ein Teil jeder Seele ist und doch eine eigene Präsenz des Göttlichen. Denn Gott ist Alles-Was-Ist in der Gesamtheit, aber gleichzeitig auch im Einzelnen.

So war und Bin Ich Erzengel Aannathas Lichtträger, genannt Luzifer, Göttliche Liebe, Trost und Weisheit, Spiegel und Schutz, Licht und Lenker. So Bin Ich der, der voller Hingabe und bedingungsloser Liebe den Spiegel hält, in dem jeder von euch Menschen seine eigenen Unzulänglichkeiten und Schwächen erkennt.

So ist mein ewiges Geschenk an euch Erkenntnis. Erkenntnis der einzigen göttlichen, universellen Wahrheit: dass alles eins ist, reinste Liebe, untrennbar miteinander verbunden. Dass jede Seele autarker Schöpfer ist und dass Gott jede ihrer Schöpfungen respektiert und so immer dem Ganzen dienstbar ist, unangreifbar, frei von jeder Schuld und jedem Urteil. Und dass *niemals* auf Erden und im Kosmos etwas bewegt oder erschaffen werden kann, was nicht das Ganze beeinflusst.

Diese einzige Wahrheit steht geschrieben in allen Herzen von Allem-Was-Ist.

Diese tief in euch liegende Wahrheit ist es, die seit jeher eure Dichter, Philosophen, Kirchenväter und Religionsstifter dazu veranlasste, in einer himmlischen Metapher der Menschheit den ewigen inneren Kampf – der sich aber im Außen realisiert und darstellt – plausibel zu erklären. Die versuchten, den Hilfen, die euer größter innerer Schatz für euch jederzeit bereithält, einen sichtbaren Körper zu schenken.

Doch erkennt ihr hier, seht ihr mit offenem Herzen hin, dass es nicht immer gelungen ist, denn die Liebe wurde zu wenig geachtet.

Zu durchdrungen ist sie meist mit Angst und der Unzulänglichkeit des Verstandes sowie mit dem Zwang, *Macht* auszuüben. Oftmals spiegelt es nur die Furcht der Menschheit, das *eigene Ich* wahrzunehmen und ihm Raum zu geben.

Nur zu gerne unterwarfen sich – und unterwerfen sich noch heute – die Menschen Glaubenssätzen, die ihnen Verantwortung, Selbstkritik und Selbstständigkeit abnehmen. Nur zu gerne wurden und werden sie zum Handlanger ihrer selbstsüchtigen Begierden – was jedoch all das heraufbeschwor, was heute die Welt ausmacht.

Da war euch Menschen ein dunkler, *verderbter Luzifer* natürlich wesentlich dienstbarer als ein lichtvoller. Denn hier hieße es ja, Eigenverantwortung zu übernehmen, ganz gleich, wobei. Denn letztendlich müsst ihr alle heute erkennen, dass auf eurer Welt nur das geschehen kann, was die Menschen zuließen und noch immer zulassen, weil sie es denken – oder aber denken lassen und dann diesem arglos, ohne eigene Bewusstheit, folgen. Weil ihre Schwäche, Ignoranz, Trägheit oder Berechnung und Gleichgültigkeit es nicht anders zulassen – somit nicht ändern.

Taucht ihr jedoch mit der untrüglichen Weisheit des Herzens und der Gewissheit des *Wahren Ichs* ein in die himmlischen Mythen, überlieferten Texte und Schriften und sondiert ihr diese ehrlich, so fühlt ihr mit einer befriedigenden Sicherheit, dass sie, verborgen hinter Angst und Machtgier und ihren dämonischen Gebilden, eine tiefe Wirklichkeit beinhalten.

Die *Göttliche Wirklichkeit, die gelebt werden will, um sich zu erfahren.* Die nicht zu sehen mit den Augen, nicht zu greifen mit den Händen, aber zu fühlen ist, in jeder Zeit der Stille, der Achtsamkeit, der Geduld, des Vertrauens und der Hingabe. In einer Zeit des wahren Glaubens.

Der unabhängig ist von jeglicher menschlich erbrachten Religion und ihren Glaubenssätzen, sondern den Glauben an sich selbst in den Vordergrund stellt, weil das die Basis jeglichen Schöpfertums ist.

Wird dem Menschen bewusst, dass er göttlich ist, dass sein Denken und Tun alles erschuf und weiterhin erschafft, sein ganzes Sein,

Vergangenheit, Gegenwart und Zukunft, kann er siegen über seine Angst und seine Trägheit. Denn hat er das erkannt und lässt er es gelten, ohne im Außen nach irgendeiner zufälligen, schuldigen Fremdbestimmung zu suchen, wird er zu seinem *eigenen Retter*. Was er ja immer ist und nur *sein kann*. Ist er doch göttlich.

Er kann also heraustreten aus seiner Opferrolle, errettet werden durch sich selbst und aus dem Schatten von Schuld und Erbschuld (Karma), wann immer er das will.

Gott, das für euch Unbegreifliche, nur mit dem Herzen Erfahrbare, schenkt euch in jedem Augenblick Wahrheit. Doch sie ist nur zu finden, beschreitet ihr die Wege der Wahrheit. Eurer Wahrheit, somit Gottes Wahrheit, und diese besagt: Du selbst bist... und nur in dir ... ist alle Wahrheit.

Die Wahrheit, die gemeint ist, ist die allumfassende Liebe.

Lasst ihr diese Göttliche Weisheit zu, geht ihr mit aller Kraft die Wege der Liebe, so werdet ihr reichlich beschenkt. Ihr bekommt Bestätigung, Sicherheit, Wahrhaftigkeit, und all euer Glauben wird sich vor euren Augen in Fülle, Glück und Segen wandeln. Ihr werdet all eure Wege in Schutz und Schönheit erfahren können und im unendlichen Licht der göttlichen Freuden: Es wird das sein, was ihr als *paradiesisch* bezeichnet.

Für euch Menschen gilt es dabei allerdings zu erkennen, dass Fülle, Glück und Sicherheit sich nicht nur in irdischem Reichtum finden, sondern vor allem im geistigen und seelischen Reichtum. Der seelische Reichtum gründet sich dabei immer auf das Wissen, dass ein Mensch, der in Liebe und Gleichklang durch sein Leben geht – dabei alles, was ihm begegnet, mit Liebe berührt – selber *in gleichem Maße* von Liebe berührt wird und so Ausgleich erfährt, was ihm letztendlich die Fülle schenkt, nach der sich seine Seele sehnt.

So erfüllt er seine Intention, Vision und seinen Lebenssinn, was für die Seele Erfüllung und wahres Glück bedeutet.

Das alles beginnt allein in den Herzen der Menschen, um sodann auszustrahlen in alle Welt.

Die Menschheit sucht diesen Weg seit Anbeginn ihres Seins. In den Herzen der Menschen ist dieses Wissen verankert und erzeugt ein ewiges Sehnen danach. Wird es nicht erfüllt, wandelt es sich im Laufe der Zeit unabänderlich in Schmerzen.

So sind die Menschen fast alle darauf aus, dieses Paradies so schnell wie möglich wiederzufinden. Und sie suchen seit unendlicher Zeit danach, doch im *Außen*. Das Paradies aber, das *Vollkommenheit* heißt, ruht im *Innen*. Auch kann nichts im Himmel wie auf Erden vollkommen sein, ist es nicht in Liebe.

In ihrem Drang des ungeduldigen Suchens vergaßen und vergessen die meisten den Grund ihrer Inkarnation, nämlich göttliche Vollkommenheit zu spiegeln. Und sie vergaßen und vergessen leider auch die Liebe.

Erwägt eine Seele ein irdisches Leben, um ihre Kräfte zu ermessen und sich zu erinnern, erinnert sie sich erst nach und nach wieder an ihre große und unerschöpfliche göttliche Macht. Es ist ungefähr vergleichbar mit einem Kind, das geboren wird und erst mit der Zeit laufen und alles andere wieder lernt.

Auch ging den *Geist-Wesen*, also den Kindern Gottes, auf ihren Wegen der Erfahrbarkeit ihres göttlichen Schöpfertums ein mehr oder weniger großer Teil ihrer lichtvollen Macht verloren. So wählten und wählen die Seelen den Weg eines irdischen Seins, um sich wieder zu fühlen, zu erfahren und zu wandeln.

Die Dichte der Erd-Frequenz der 3. und 4. Dimension, in der sich noch die meisten von euch gefühlterweise befinden, macht das in perfekter und eindeutiger Form möglich, denn sie *zeigt auf* in greifbarer und erlebbarer Form.

So waren einst und sind auch heute immer wieder Kinder Gottes bereit, in der wesentlich *niedriger* schwingenden Frequenz auf der Erde alles zu wandeln, was gewandelt werden will, zum Besten des Ganzen. Es ist ein stetiges Kommen und Gehen, denn nur, was in ewiger Bewegung ist, wird leben.

Weil die Seele unabdingbar aus der göttlichen Genialität und Weisheit geboren ist, wandelt sie niemals *allein* auf allen erforderlichen

Wegen zur Vollkommenheit, sondern sie wird begleitet von Gottes Licht und Liebe, die in den Erzengeln und Engeln *Form* angenommen hat.

So erschuf Gott zu Anbeginn aller Zeit aus seiner Mitte als ersten Engel *Aannathas Lichtträger (lux ferres Lucifer),* genannt *der Lichtträger,* einen Engel geboren aus dem opal-kristallinen Licht der Göttlichen All-Liebe. Er erhielt als Zeichen der All-Macht Gottes eine Krone aus strahlenden Amethysten und Opalen, die *einzig* Kristalle der wahren Transformation sind, und ein goldener Mantel ward ihm von Gott geschenkt, ein Mantel der Göttlichen Weisheit.

Und er stand zur Rechten Gottes und schaute Gottes Angesicht, denn er war auserkoren, ein strahlendes Licht an der Seite Gottes zu sein.

Er wurde berufen und erwählt, Gottes Kinder, die Menschen, zu führen, zu tragen und zu schützen auf ihren selbst gewählten Wegen durch die Schatten, die Spiegel der Erkenntnis für sie zu halten auf allen Schicksalspfaden, die sie beschreiten, um den Göttlichen Plan zu erfüllen.

Dieser Göttliche Plan beschreibt die Endlosigkeit der Bewegung des Universellen Lichts, eines Licht-Kreises ohne Anfang und Ende, der doch allein ewige Allmacht, Allwissenheit, All-Liebe und All-Eins-Sein bewirkt und so das Ganze heiligt, himmlischen Segen und kosmische Vollkommenheit aufzeigt.

Und so trat Aannathas Lichtträger, mit menschlichem Namen Luzifer benannt, Erzengel und Krone der Engel, an die Seite der Menschen, um ihnen und dem Ganzen zu dienen, zu allen Zeiten und in allen Räumen, in absoluter Hingabe, Liebe, Trost, Weisheit und Göttlicher Allmacht, die ihm von Gott geschenkt waren am Anbeginn allen Seins.

Er sollte ihnen Trost und Führung, aber auch strahlendes Licht sein in der Dunkelheit und in den Schatten, die sie erschaffen würden auf ihren Wegen der Erkenntnis. Und er hütet seitdem voller Liebe die Menschheit mit aller Kraft seines Herzens und der Stärke seines Göttlichen Geistes, um Gott-Vater-Mutter zu dienen und die Ewigkeit zu bezeugen.

· Das ist meine Wahrheit, meine einzige Göttliche Wahrhaftigkeit. Glaubt!

Ich liebe euch seit Anbeginn der Zeit.

Aannathas Lichtträger

Ich Bin der Hüter des Lichts und der Schatten

Ich, Erzengel Aannathas Lichtträger, Träger des violett-goldenen-Opal-Kristall-Strahls, Bin gemäß Gottes Wunsch der Hüter aller Schatten, allen Schattenlichts und der Schattenwelt. Als Erstem Engel wurde mir diese Aufgabe übertragen. Denn Gott-Vater-Mutter-Kosmischer Geist in seiner erleuchteten Allwissenheit wusste, was geschehen würde. *So trat ich einst in tiefster Hingabe von der Reihe der Engel zurück,* um euch Menschen, die ihr alle meine Geschwister im Lichte Gottes seid, in besonderer Weise zu dienen. Unendliche Zeit verging, die ihr einst erschuft, um euch zu messen, und meine Göttliche Wahrheit wurde verschleiert und vergessen, *während ich an eurer Seite ging.*

Ich, Aannathas Lichtträger, wurde so als der Erste aller Engel, von Gottes Gnade erschaffen, vergessen.

Ihr wisst, dass auch ich aus freiem Willen ein Schatten-Dasein lebte, für euch, um euch wahrhaft und mit all meiner Kraft und all meiner Liebe zu dienen. Dunkel war die Zeit und mächtig waren die Schatten, die ihr erschaffen hattet. Doch jetzt ist eine neue Zeit angebrochen, die Zeit des Christus-Lichts, die Zeit der allumfassenden Liebe auf Erden und ich trete wieder hervor aus allen Schatten, um Gott in seiner Allmacht, Liebe und Schönheit zu bezeugen.

Opalisierendes, irisierendes Licht, das wie Perlen schimmert, trägt nun diesen *höchsten kristallinen, kosmischen Strahl,* der seit einiger Zeit auf die Erde gesandt wird, damit die Schatten lichter und euer Bewusstsein heller und transzendenter werden können, wenn ihr es durch eure gelebte Liebe aktiviert – denn allein der Opal-Kristall-Strahl ermöglicht euch *geistige Vollendung* in der Materie der Erde.

Ich, Aannathas Lichtträger, dem ihr einst den Namen Luzifer gabt, trete jetzt wieder in das Bewusstsein der Menschen als der 13. Engel – denn die Zeit des Vergessens ist vorbei. Alle Schleier der Angst und der Mühsal dürfen sich nun auflösen, denn eure Höheren Selbste haben das so für sich entschieden.

Lange musste ich zurücktreten, weil das euer Wunsch war.

Auch war wahre Transformation nur für jene unter euch möglich, die ihre – immer bestehende – Meisterschaft als solche anerkannten.

Meine Geschwister in Liebe, die euch bekannten 12 Erzengel, begleiteten euch deshalb unterstützend in dieser Zeit des Wiederfindens der Göttlichen Wahrheit auf Erden.

Ich *vervollkommne* jetzt die Botschaft der 12 Erzengel, die euch seit der Zeit des Vergessens auf Gottes Wunsch führten auf euren Wegen der Manifestation der Ich-Bin-Gegenwart: auf Erden und in allen Welten Gottes.

Die Zahl 12 ist die Energie der Vollkommenheit des Universums, und so vermittelten euch in vergangener Zeit die 12 Erzengel das Wissen, um eure Schatten ins Licht zu heben. Es war und ist an euch, es zu tun, um Wissen in Weisheit zu wandeln und euch so immer mehr der Göttlichen Vollkommenheit zu nähern.

Wisst, geliebte Kinder des Lichts, dass die Zahl 13, die meine Kraft, Resonanz und Energie trägt, für die Göttliche kosmische *Essenz* und die geistige Vollendung steht. Dass ich damit den höchsten Lichtstrahl der Göttlichen Ur-Quelle repräsentiere und lenke, den violett-goldenen Opal-Kristall-Strahl.

Die 13 birgt in sich die höchste universelle Schwingung, somit Energie des Neubeginns durch Transformation, Balance und Fülle.

Mein göttlicher Auftrag geht nun in eine entscheidende und alles transformierende, alles erleuchtende Phase des göttlichen Eins-Seins des Einen-Wahren-Gottes-der-Liebe.

Niemals ist die *13*, wie euch seit Langem gesagt und vermittelt wurde, die *Zahl des Teufels* (den es ja nicht gibt, wie ihr nun wisst) oder die Zahl des Unglücks. Diese Metapher über die 13 wurde geboren aus der Angst, das eigene Schöpfertum nicht zur Genüge oder Perfektion leben zu können. Aber euer bereits gelebtes Schöpfertum ermöglicht jedem jetzt und hier, die eigene Göttlichkeit zu erkennen, sich selbst zu lenken und nicht mehr Spielball irgendwelcher dunkler Mächte zu sein. So wurde von jenen dunklen Mächten diese Metapher am Leben erhalten, denn ein *Erwachter* ist für die Dunkelheit sehr unbequem und nicht mehr steuerbar.

Erkennt also, dass es genau umgekehrt ist. *Allein die 13 schenkt euch Transformation,* und das ist das Einzige, was euch auf Gottes Wege und direkt ins Licht führt. Beginnt also mit der Zahl 13 zu arbeiten. Die 1 bedeutet *Wille*, also erforscht eure Herzen und dann lebt *euren* erleuchteten Willen, nicht den *anderer*. Dann nutzt die 3, indem ihr eure Göttlichkeit in euch findet, in der *Stille* einer Meditation und der Ruhe des Geistes. Übt ihr das, werdet ihr bald eure Innere Stimme hören, die Stimme Gottes, und sie wird euch den Sinn und die Schönheit eures Lebens eröffnen. Alles in eurem Leben wird sich so in die Heil-Energie der Transformation begeben und Friede, Freude, Glück und Wohlsein wird bei euch sein.

Hört, geliebte Kinder des Lichts, es sind euch jetzt unvorstellbare, sich in Leichtigkeit entwickelnde Möglichkeiten für ein Erwachen ins Göttliche Licht und in die Liebe gegeben, denn eure Licht-Frequenz wird allmählich angehoben in meine Licht-Frequenz. Transformation, Reinigung bis in tiefste Zell-Ebenen und somit Erlösung alter Muster und Trennungsgedanken folgen. Denn *Ich Bin* der Lenker allen Schattenlichts, das euch hilft, euch selbst in Liebe zu erkennen, zu erlösen und so den Aufstieg ins Licht zu bewirken.

In dieser besonderen Zeit auf Erden lösen sich Schleier und Schatten der Illusionen auf ins Licht und das Licht erhellt eine ganzheitliche Sichtweise. Selbsterkenntnis eröffnet sich in nie gekannter Art. Tiefgreifende Reinigungsprozes- se beginnen durch die alles verstehende Liebe des Schöpfers, die durch meine Mitte fließend euer ganzes Sein durchdringt.

Abgespaltene und durch Angst, Trauer, Unwissenheit und Unbewusstheit der eigenen Schöpferkräfte ins Schattenlicht gefallene

Seelenanteile werden wieder durch Öffnen eures Herzens und eures Geistes zur einzigen göttlichen Wahrheit der Liebe *erleuchtet*. Sie integrieren sich in ihrer kosmischen Genialität wieder in eure universelle Einheit des Eins-Seins.

Große Freude, Friede, Fülle und Vertrauen und ein von Gott geführtes und geschütztes Sein erfüllen euch in Zukunft auf allen euren Wegen, Absichten und Schöpfungen.

Die wieder entfaltete Weisheit eurer Seelen lässt dann eure Himmel in Vollkommenheit in euch erklingen und erleuchten. Denn Seelen-Essenz, die Liebe, ist wieder wahrhaft in euch *geboren*. Ich Bin bei euch zu aller Zeit. Vertraut. Glaubt. Übt Geduld, lasst diese Blüte der Weisheit aufgehen.

Ich liebe euch unendlich.

Aannathas Lichtträger

Die Welt der Schatten

Wenn ich jetzt von der Welt der Schatten spreche, sollt ihr keine Angst noch Unmut haben, denn diese dunkle Welt gehört zu euch wie der strahlende Himmel, den ihr alle so sehr ersehnt. Sie gehört deshalb zu euch, weil ihr in der heutigen noch dual gestalteten Welt ohne die Schatten – die ihr bei euren Wegen der Erkenntnis immer wieder erschafft, aber auch immer wieder auflöst – das Licht und auch euch selbst nicht sehen könntet.

Nur weil ihr den Schatten erschafft, habt ihr die Möglichkeit, Licht zu erkennen, also zu unterscheiden zwischen beidem. Und genau deshalb habt ihr ein Leben auf Erden gewählt.

Sicherlich fragst du dich oder hast dich schon einmal gefragt, warum das so ist. Warum du und jeder von euch den Weg der Schatten gehen muss?

Den Weg der Schatten zu gehen bedeutet, eure Schattenseiten zu erkennen, anzusehen, zu erhellen und irgendwann wieder zu integrieren. Sie entstehen immer dann, wenn ein Schöpfer-Geist-Wesen wie du sich erprobt, weil es seine Kräfte wieder ausloten und dabei seine einzige Wahrheit, die Göttliche Liebe und das Eins-Sein, wiederfinden will.

So habt ihr in euren vielen Inkarnationen lichtlose und damit Schöpfungen ohne Liebe und Verantwortung erschaffen. Schatten, die ihr als schmerzhaft empfindet und deshalb ins Licht heben wollt.

Bedenkt bitte immer, der Mensch ist die Mitte von Licht und Schatten, er hat immer die Wahl.

Diese Schattenwelt mit all ihren dunklen Gestalten, Fallen und Verführungen, von denen ich zu euch spreche, ist eine *imaginäre*

Welt, die allein von euch in ganz unterschiedlichster Form erschaffen wurde und noch weiterhin erschaffen wird.

Das bedeutet, dass sie nicht von Gott geschaffen wurde, um euch zu prüfen. Allerdings sind eurer Schöpferkraft keine Grenzen gesetzt, sodass Gott-Vater-Mutter in seiner Weisheit wusste, dass auch Lichtloses – was ihr dann als Schattenseiten eurer Selbste definiert habt – von euch erschaffen werden würde und wurde. Diese Schattenseiten würdet und werdet ihr alsdann als Schmerz empfinden, da sie sich lichtlos zeigen und Angst einflößend wirken, ihr aber im Ursprung reinstes, bewusstes Licht seid. So werdet ihr immer in freier Entscheidung durch euer Höheres Selbst alles Dunkle ins Licht bringen wollen. Das bedeutet, dass ihr alle Schattenseiten wieder integrieren wollt, was nur geht, wenn diese Schatten durch eure Liebe von euch geklärt, also mit reinstem Licht erfüllt und so aufgelöst werden. *Nur so kann die Seele heilen und eine vollkommene Ganzheit des Lichts und der Liebe werden und sein.*

So kann man die Schattenwelt nicht wirklich als einen *Ort* bezeichnen, der irgendwo anfängt und irgendwo aufhört. Sondern er existiert ausschließlich in der *Vorstellung* jedes geistigen Schöpferwesens, also in der Bewusstheit jedes Menschen, so wie er es zulässt oder zulassen kann.

Diese Schattenwelten existieren überall, wo Gedanken erschaffen werden, also in eurem *Bewusstsein* und *ausschließlich* dort. Da jeder eurer Gedanken ein Universum erschaffen kann, so erschafft jeder von euch, wenn er will, sich sein Universum der Schatten selbst, die ihn so lange begleiten, festhalten und bedrängen, bis er sie aus freiem Willen wieder auflöst – durch gedachte und alsdann gelebte Liebe.

Wohl gibt es Göttliche Ebenen des Lichts, die verschleiert sind, weil das strahlende Licht der Weisheit und der Liebe den sich noch in Unwissenheit und eigenen Schatten befindenden Seelensternen Schmerzen bereiten. Diese sind reine Strahlungs-Ebenen der Liebe Gottes, in der Engel die Seelensterne (Seelen) hüten, trösten und lehren, so sie bereit dazu sind. So finden sich dort – zwischen ihren irdischen Leben, aber auch in jeder Nacht – die erschöpften und verzweifelten Seelensterne ein, die in ihren Schattenwelten der Angst und deren Schöpfungen, den Dämonen, gefangen sind. Hier können sie ausruhen und heilen, erkennen, zulassen und annehmen, um es dann auf Erden zu transformieren. Engel des *Goldenen Lichtes* stehen dabei an ihrer Seite, um ihr Bewusstsein wieder zu stärken.

Andere Lichtsphären erstrahlen im hellsten Licht der Göttlichen Kristalle und werden von den Seelensternen aufgesucht, welche bereits eine Öffnung und Entfaltung ihres Wahren Ichs zugelassen haben.

Sie alle aber sind die von Engeln gehüteten *universellen Lichtebenen der Göttlichen Weisheit*, die in den Kristall-Farben des *kosmischen Regenbogens* schwingend, von schwarz und grau, über ganz bunt bis weiß, allen Seelen himmlische Freuden, Hilfen und Heilung zufließen zulassen. Jede Farbe des kosmischen Regenbogens trägt dabei die Information eines Bewusstseins-Zustandes, der den Seelen ihren eigenen Bewusstseins-Zustand spiegelt und aufzeigt, sodass sie verstehen, erkennen und sich erinnern können.

Sie sind energetische Räume, *Licht-Dimensionen*, die jeweils unterschiedliche Informationsfelder von Göttlichem Bewusstsein tragen, und sind in verschiedener Farbdichte (Durchlässigkeit) und Helligkeit (Transparenz) manifestiert. Die dunkleren, kompakten Farbtöne wie blau, rot, grün, braun oder dunkelgrau vermitteln dabei die *Basis* des eigenverantwortlichen Schöpfergeistes.

Eine *geistige Weiterentwicklung* bis hin zur Erleuchtung wird dann durch die helleren, durch das *Opal-Licht* kristallisierten Farbtöne in diesen Licht-Dimensionen den Seelensternen geschenkt. Diese geistigen Hilfen werden jeder Seele zuteil, *sie selbst entscheidet,* wann und wie viel. An ihr ist es auch, sie dann auf Erden umzusetzen.

Wie ihr nun bereits wisst, sind eure Gedanken die Samen aller eurer Schöpfungen. Je öfter und intensiver ihr an etwas denkt, umso schneller manifestiert es sich sichtbar auf Erden. *Positives wie*

Negatives. Da alles, was ihr erschafft, aus Energie entsteht, hat jede Schöpfung in ihrer Dualität, in die alles auf Erden gebunden ist, neben ihrem sichtbaren irdischen Phänomen immer auch ein geistiges Phänomen.

Alles hat also ein geistiges, nicht sichtbares Gegenstück. Hast du also etwas Lichtvolles erschaffen, so schwingt es – als Energie gesehen – in Liebe. Hast du etwas Dunkles erschaffen, schwingt es – als Energie gesehen – lichtlos im Dunkeln.

Energie lebt, ist immer in Bewegung, und so ist das noch nicht alles, was bei eurem fortwährenden Denken und Erschaffen passiert. Denkt und handelt ihr lichtvoll, dann befruchtet ihr die Welt. Denkt und handelt ihr lichtlos, so verdunkelt ihr die Welt und macht sie ärmer.

Allem, was ihr erschafft, dem schenkt ihr des Weiteren immer einen energetischen Körper, der in eurer Aura lebt, aber auch hinausstrahlt in die Welt.

Man könnte auch sagen, dass eure Schöpfungen ein Eigenleben bekommen und entwickeln, das sich bei lichtvollen Schöpfungen wunderbar auswirkt. Bei den lichtlosen Schöpfungen, den Schatten, geschieht dabei genau das Gegenteil. Es bringt Angst, Elend, Trauer und Schmerz.

Geliebte Kinder des Lichts, erkennt bitte immer, dass eure Schöpfungen *wachsen*, je nach Energiezufuhr, die ihr durch weiteres Denken und Festhalten an einem Gedanken erzeugt: Sie wachsen wie Blumen im Garten. Ihr nennt die lichtlosen, aus Angst geborenen Schöpfungen, die Schatten, in eurem Sprachgebrauch *Dämonen*.

Dämonen werden also durch stetige Energiezufuhr zu *komplexen Energie-Gebilden* mit einer bestimmten Information. Die kann Angst, Trauer, Wut, Hass, Mangeldenken oder ähnlich Negatives sein und ist immer über die *Aura* – den menschlichen Energiekörper – mit dem Schöpfer verbunden, also dem entsprechenden Menschen, der sich unentwegt in diesen Gedanken bewegt. *Löst* er die Gedanken nicht durch Mut, Vertrauen, Glauben, positive Absicht und *Tat* auf, so wachsen sie weiter, bleiben bei ihm, lösen ein unverständliches Unwohlsein, auch Unbehagen aus und bedrängen ihn, lähmen ihn, machen ihn schwer und oft handlungsunfähig.

Ich werde es euch gleich noch anschaulicher erklären, denn dieser immerwährende von euch praktizierte Prozess des Erschaffens von Licht und Dunkel hält letztendlich den Fluss zur Heilung allen Lebens auf Erden in Balance.

Erkenne nun selbst, warum das alles so sein muss. Und warum es in letzter Konsequenz dem Ganzen dient. Gott-Vater-Mutter schenkte allen seinen Kindern, den Menschen, einen freien Willen, damit sie ihre Schöpfungen nach eigenem Ermessen materialisieren können. Er sah voraus, dass alle Göttlichen Funken, die von seiner Ur-Quelle des Lichts geboren wurden, sich nun nach eigenem Wunsch entfalten und so – wahrscheinlich – Schatten werfen würden. Denn die Angst über die *vermeintliche* Trennung vom Ganzen ließ nach einiger Zeit ihr Bewusstsein des Göttlichen in den Herzen *verblassen*.

Die große, universelle Macht, die in ihnen ruhte, verlieh ihnen nicht nur Genialität und Größe, sondern in der Umkehr und Nichtwahrnehmung ihrer Liebe und ihrer Göttlichen Weisheit auch verantwortungsloses Machtstreben, Wahn, Neid und Gier.

Die Göttliche Liebe, die in allen ihren Herzen geborgen war, wurde von vielen Göttlichen Funken nach und nach *vergessen*. Sie verkümmerte zum größten Teil zu Egoismus und Selbstsucht, aus Angst darüber, durch die *vermeintliche* Trennung weder über *Schutz* noch über *Sicherheit* zu verfügen.

Ein übermäßiges Streben nach diesen scheinbar verlorenen göttlichen Geschenken setzte sodann bei den Menschen einen Mechanismus der Anhäufung von irdischen Gütern in Gang, der bis heute das Leben auf der Erde fast ausschließlich bestimmt. Denn die Menschen hatten alle göttliche Herrlichkeit und Weisheit des Herzens vergessen, die einzig Glück und Wohlsein schenken, und versuchten nun aussichtslos, segnende Fülle und himmlisches Glück durch leeren irdischen Besitz zu ersetzen.

Dieser Mechanismus begann langsam, in Jahrhunderten und Jahrtausenden, seine ganz eigene schreckliche und menschenverachtende Dynamik zu entwickeln.

Versteht bitte, geliebte Kinder des Lichtes, Geld um des Geldes und der Macht willen zu erlangen, trägt immer einzig das *Schöpferpotenzial von Zerstörung* in sich.

Wo einst achtvoller Einklang, Dankbarkeit und liebevoller Ausgleich mit Mutter Erde und den Gaben der Elemente herrschten und dadurch große Balance erschaffen wurde, begannen Gier, Selbstsucht und verantwortungsloses Begehren allmählich dieses segensreiche Gefüge zu zerstören.

Tausende von Jahren hatte die Menschheit ihren Fokus auf das geistige Bewusstsein gerichtet und war somit mit Gott und allen seinen Geschenken in Harmonie, was ihr Frieden, Fülle und Leben in achtsamer Freundschaft bescherte. Ihr Leben war eingebunden in dem geistigen Bewusstsein, dass allein das Sein auf Erden in Gleichklang und Ausgleich mit Allem-Was-Ist, um Gott wahrhaftig und in Liebe zu repräsentieren, *Sinn und Zweck sei*.

Doch langsam wurde dieses Wissen durch Unachtsamkeit und Undankbarkeit verwässert und übrigblieb eine Menschheit, die nicht mehr wusste, w*er und warum sie war*.

So entglitt den Menschen aller Sinn ihres Lebens, denn alle *göttliche Absicht* ging verloren, weil die Menschen ihrer Gier und ihres dunklen Machtstrebens nicht mehr Herr wurden. Maßlosigkeit, Brutalität und Verantwortungslosigkeit drängten alle Liebe, Mitgefühl, Gerechtigkeit und Toleranz ins Abseits. Unvorstellbare Härte, Verrohung, Grausamkeit, Unterdrückung und eigensüchtige Macht breiteten sich aus, durchwirkt von Angst, Ohnmacht und Verzweiflung, und überzogen die Welt mit Dunkelheit, Krieg, Elend und Schmerz.

Mehr und mehr verfielen die Menschen in Gedanken von Ausweglosigkeit und Wertlosigkeit und nahmen alles Dunkle als gegeben hin, ohne sich zu erinnern.

Sie vergaßen, dass sie einen freien Willen und das Recht auf Freiheit ihr eigen nennen durften. Und dass diese göttlichen Aspekte in *ihren* Gedanken als Samen hervorgebracht werden mussten, um alsdann, umgesetzt in die Tat, Veränderungen und dadurch Harmonie und Frieden zu bewirken.

Das ist der ewige Göttliche Schöpfungs-Akt, und diesen wollten die Seelen auf der Erde erbringen. Da dieses Bewusstsein *immer* in ihnen weiterlebte, überkam große Traurigkeit die Menschen und Angst lähmte sie. Und lähmt sie noch heute.

In dieser lähmenden Angst lebten und erschufen die unbewussten Menschen gedanklich auch weiterhin. Denn jeder Gedanke erschafft. Er erschafft genau das, was gedacht wird. Doch was sie erschufen, waren Dunkelheit, Angst, Trauer und Elend. Denn in dieser Energie befanden sich die Menschen. Ihre Bewusstheit war getrübt und dumpf vor Angst. Daraus konnten sich allein Krieg, Fehde, Not und Leid entwickeln.

Bedenkt, geliebte Kinder des Lichtes, aus Gedanken, in Dunkelheit geboren, kann nur Dunkelheit erwachsen. Und so wurde von euch Dunkelheit über Dunkelheit, Schatten über Schatten erschaffen. Durch eure Gedanken in dieser Energie. All das Elend, was ihr noch heute seht.

Das größte Elend aber spukt in euren Köpfen herum, wenn ihr über *die Große Wandlung* nachdenkt. Die Große Wandlung nennt ihr den *Tod,* und sie macht den meisten von euch unaussprechliche Angst. Doch ist sie das Wundervollste, was jedem von euch *immer wieder* begegnet, die lichtvolle Transformation eures *Ich Bin* in die Liebe und Einheit von Gott-Vater-Mutter und Kosmischem Geist, eurer Heimat.

Statt euch also zu erinnern, *wer ihr seid,* seid ihr in Selbstsucht und Angst verfallen und habt alle göttlichen Kräfte der Liebe in euch ignoriert. Noch heute machen sich nur wenige von euch die Mühe, in der Stille in sich hineinzuhören und diese große Erkenntnis für sich zu nutzen.

Ihr seid immer wieder die Wege des geringsten Widerstands gegangen. Doch heute ist nun eine Zeit *unwiderruflich* angebrochen, in der das jetzt auf der Erde sehr präsente *Licht der Transformation* zeigt, dass ihr euch eures *einstigen Auftrags* erinnern sollt.

Jedem ist jedoch vorbehalten, wann er sich erinnern will. Doch wird es wohl denen Schmerz bereiten, die sich noch nicht erinnern wollen, denn der göttliche Auftrag ist in ihren Herzen festgeschrieben. Und große Sehnsucht erschüttert die vorwiegend verstandesgeprägten Menschen, die das ignorieren und die wegschauen, weil es ihnen als unnötig erscheint.

Die Seele aber erinnert sich, sie will sich erinnern.

So bleiben jene, die ignorieren, gefangen in einer Welt der oberflächlichen Begierden und des sinnlosen Luxus, der nur kurz befriedigt und eine immer größer werdende Leere hinterlässt. Schatten tun sich ihnen auf, die düster, traurig, negativ bindend und angstvoll sind und Verzweiflung aussenden, die oftmals Krankheiten nach sich zieht.

Es sind die Schatten der Leere, der unbewussten Ängste, die ich den Menschen zu tragen helfe, damit sie an dieser Last nicht vergehen, sondern damit immer wieder ein Funke der Hoffnung aufsteigt in ihren Herzen und ihnen sanft zuflüstert: *Du bist niemals verloren. Du bist immer in Gottes Hand und Gottes Liebe. Habe Mut. Vertraue. Glaube.*

Immer und immer wieder lenke ich meinen violett-goldenen Opal-Kristall-Strahl der Göttlichen Liebe in ihre Herzen, damit sie in ihrer selbst erschaffenen Hölle der undurchdringlichen Schatten überleben, um irgendwann das Licht wieder zu sehen.

Bedenkt bitte, Kinder des Lichts, wie ich euch schon sagte, diese oder jene Hölle existiert nur in eurer Schöpfung, in euren Gedanken. Ihr seid universelle Göttliche Schöpferwesen, die über große Göttliche Macht verfügen und sie täglich anwenden. Mit dieser Macht erschafft ihr mit jedem Gedanken eine ganze Welt. *Ein ganzes Universum.*

Beachtet eure Gedanken einmal ganz bewusst: Lasst sie weiter fließen und ergründet, wie eine ganze Welt aus einem Gedanken entstehen kann. Dann werdet ihr verstehen, was ich meine. Ihr werdet verstehen, dass Gott-Vater-Mutter niemals eine Hölle noch Fegefeuer, Teufel oder Satan erschuf, um seine Kinder zu bestrafen,

Schuld zuzuweisen, zu richten und zu unterscheiden zwischen gut und böse. Diese Vorstellung ist aus menschlicher Angst und Ohnmacht geboren und *diente* letztendlich eurem niederen, unbewussten Ego, das Schuldzuweisungen will – ja braucht, um von eigener Schuld abzulenken. Aber auch, um dem Gedanken von *zufälligem Opfertum* Raum zu schaffen: denn das ist das größte Projekt, an dem ihr Menschen auf Erden arbeitet. *Die Opferrolle*, in die ihr so gern schlüpft. Und dabei die Schuld anderen zuschiebt.

Doch auch da – und es ist meine Aufgabe, euch das klarzumachen – gibt es nichts hinüberzuschieben. Wie ich euch schon sagte, Gott-Vater-Mutter kennt keine Schuld noch Opfer, sondern allein Entwicklung und ewige Erneuerung ins Licht.

Und so verlieren alle eure selbstderdachten Höllen und Dämonen, die aus euren von Angst getrübten Gedanken entspringen, all ihre Kraft. Dämonen sind ebenso eine Schöpfung eurer Kraft der Gedanken wie Hölle, Fegefeuer, Teufel und Satan.

Habt ihr jemals darüber nachgedacht, wie schnell ihr eventuell im Leben einen Dämon erschafft oder erschaffen könntet?

Wie ihr wisst, seid ihr alle Schöpfer, und ihr erschafft durch die Kraft eurer Gedanken.

Da Energie der Aufmerksamkeit folgt – und das ist ein göttliches Gesetz –, wird das, was ihr denkt, *energetisch erschaffen*, in Zeit und Raum. Energetisches Erschaffen bedingt, dass ihr euren Gedanken eine Form, einen energetischen Körper gebt. Denkt ihr also den Gedanken oft und viel, was z. B. bei Angst passiert, die noch keine Lösung gefunden hat, so verdichtet er sich nach dieser Intensität und Kraft eures Denkens. Und die sind bei Angst wahrhaft übermächtig. *Ihr nährt also im Verbleiben dieses Denkens der Angst die Energie der Angst und gebt ihr einen eigenen Körper.* Mehr und mehr beginnt nun dieser Energie-Körper zu wachsen. Denn ihr versorgt diese dunkle Schöpfung eurer Gedanken weiterhin durch euer angstvolles Denken mit Energie.

Diese *eure* Schöpfung ist ein Lichtkörper, allerdings mit Dunkelheit angefüllt: und das ist damit ein neuer Dämon. Jedoch nur nach eurem Sprachgebrauch. Wir hier in der Geistigen Welt bezeichnen so eine Schöpfung als *Schatten-Licht-Wesen.* Erschaffen durch die Kraft der Gedanken eines Göttlichen Schöpferwesens – eines Menschen – mit freiem Willen. Je mehr nun dieser Dämon an Energie gewinnt, was bei Angst sehr schnell passiert, da sie meist nur langsam oder gar nicht aufgelöst werden kann, könnt ihr euch sicher vorstellen, was passiert.

Dieser Dämon, dieses Schatten-Licht-Wesen, erlangt allmählich eine eigene Dynamik, eine eigene *Persönlichkeit.* Er wird irdische Realität, die leben will. Und er *lebt* durch die Energie des Menschen, der ihn erschaffen hat. Seine Nahrung ist die dunkle Energie von Angst. Er wird immer stärker und präsenter, je weniger der Mensch, der ihn erschaffen hat, *dagegenwirkt,* und bleibt dabei *eng mit dem Menschen verbunden und bestimmt sein Leben mit* – zumindest so lange, bis dieser Mensch beginnt, seine angstvollen Ideen durch lichtvolle Gedanken zu ersetzen. Erst dann kann langsam der Auflösungsprozess beginnen.

Stell dir also vor, was passiert: Unentwegt zieht der Dämon Kraft von demjenigen ab, der ihn erschaffen hat, denn er will ja seinen Körper erhalten. So wird der Mensch immer mehr geschwächt, traurig, mutlos, depressiv und fühlt sich vielleicht auch krank. Im schlimmsten Fall sprecht ihr hier von einer *Besetzung,* was man auch wirklich so nennen kann.

Eine *Besetzung* bedeutet, dass sich ein Mensch so sehr in seine Ängste und negativen Vorstellungen *verstrickt* –, dass sie sogar zu einer fixen Idee werden können –, die er nicht mehr loslassen kann, die ihn also *besetzt.* Seine Lichtkörper (Auren) werden dadurch zusehends geschwächt, wodurch auch seine Kräfte auf Dauer schwinden. Solche Prozesse können sich ein ganzes Leben lang hinziehen, aber auch nur kurze Zeit.

Ist ein Mensch in seiner Lebensanschauung grundsätzlich sehr negativ, ängstlich und mutlos, kann auch ein *fremder Dämon,* also ein nicht von ihm selbst erschaffener Dämon, ihn besetzen oder sich *hinzugesellen:* denn es kann geschehen, dass ein Dämon so an Kraft gewonnen hat, dass er auch in seinem weiteren Umfeld sein Unwesen treibt.

Dieser fremde Dämon lebt dann ebenfalls wie der selbsterschaffene Dämon so lange von der dunklen, lichtlosen Lebensenergie eines Menschen, bis dieser sich von seinem Dämon der Angst oder des Hasses aus eigener Absicht und Kraft befreit, indem er Angst und Hass durch Vertrauen in Gott und seine bedingungslose Liebe ersetzt.

Auch Hilfe von außen kann hierbei mitwirken, durch eine fachärztliche Behandlung und liebevolle psychologische Betreuung, *aber nicht ausschließlich.* Immer ist es auch der Mensch selber, der hier für Abhilfe sorgt oder sorgen sollte, denn er selbst hat ihn ja in seinem freien, wenn auch schwachen, unbewussten oder verwirrten Willen erschaffen oder eingeladen.

Der in tiefer Angst schwingende Mensch, oder im schlimmeren Fall der Besetzte, kann mithilfe der Kraft seiner licht- und liebevollen Gedanken, durch seinen Glauben an sich selbst, an die höheren Mächte und durch neuen Lebensmut, Freude und ein bewusstes Wahrnehmen der göttlichen Schönheit und Liebe auf Erden den Dämon wieder auflösen: denn diese licht- und liebevollen Gedanken-Energien und auch vergleichbare Taten entziehen jedem Dämon seine Daseinsgrundlage.

Er löst sich nach und nach auf ins Licht. Der nun nicht mehr besetzte Mensch fühlt sich danach frei und wie neugeboren. Begleitende Hilfe durch einen stark in sich ruhenden, in seinem wahren Glauben an den Einen-Wahren-Gott-der-Liebe gefestigten Menschen ist hier sehr hilfreich und eigentlich sogar notwendig. Große Hilfe schenken hier auch die Heilkräfte der Natur in jeglicher Form.

Geliebte Kinder Gottes, so ist es bei euch geschehen, dass unendlich viele Dämonen der Angst, des Mangels, des Hasses, des Neides, des Unfriedens und andere in vergangenen Zeiten von euch erschaffen wurden. Sie haben jetzt so an Kraft gewonnen, dass sie überall ihr Unwesen treiben, und das ist es, was heute auf eurer Erde geschieht.

Verschleiert und überzogen ist die Erde von Dämonen der Dunkelheit, die weiterhin von vielen von euch genährt werden, weil sie sie noch nicht *erkennen*.

Die große Dunkelheit und tiefe Angst – über die vermeintliche Trennung von eurer wahren Sicherheit, eurer Fülle und eurem Schutz durch Gott-Vater-Mutter – lassen *viele* von euch in Lethargie und innerer Trauer verbleiben, *obwohl sie alle die Kraft in sich tragen, das sofort zu ändern.* So erschaffen sie gemeinsam das kollektive Bewusstsein des Mangels, was heute auf der Erde noch vorherrscht.

Dieses *kollektive Bewusstsein* der Angst und des Mangels bedrängt euch alle, da ihr zu jeder Zeit miteinander verbunden seid. Und es ist nicht leicht für euch, jetzt auf der Erde die Energie von Licht und Liebe gedanklich zu halten und sie zu leben.

Aber tägliches Zwiegespräch, Beten mit Gott-Vater-Mutter, Stille und Meditation, Glaube an euch selbst und an die himmlischen Mächte und ihre Vorsehung, aber auch an die Natur und ihre Kräfte, und die Engel helfen euch dabei, die Liebesschwingung zu halten, sodass allmählich die Seelen und die Erde geheilt werden.

Doch leben viele von euch noch in ihrer *eigenen Hölle*, die von Un-Bewusstheit gespiegelt und so erschaffen wird. Sie leben und handeln eng verbunden mit ihren Schöpfungen, den Dämonen aller erdenklichen Art der Dunkelheit, Angst und Unwissenheit, die sie selbst durch ihre Vorstellung, Opfer zu sein, erschaffen und durch die sie die fesselnde Ohnmacht der Angst nicht überwinden können.

Hierbei stehe ich, Aannathas Lichtträger, Erster Engel Gottes und Hüter der Schatten und des Lichts, an eurer Seite, um euch zu führen, zu halten und zu tragen, wenn ihr es wollt. Doch der Wunsch zur Wandlung ins Licht muss von euch kommen, denn ich respektiere euren freien Willen. Ich bin an eurer Seite, wenn ihr voller Verzweiflung durch eure Schatten wandelt und wenn eure eigenen Dämonen der Angst und der Unwissenheit euch fast ersticken. Ich bin auch bei euch mit all meiner Liebe, wenn euch fremde Schatten überwinden und fremde Dämonen euch versuchen wollen, weil ihr euch eurer vollständigen Kraft nicht bewusst seid. Ruft ihr mich an, so werde ich euch stützen und stärken.

Durch all diese Schatten menschlicher selbstsüchtiger Egos, Irrungen und Wirrungen, Unverantwortlichkeiten und Ungerechtigkeiten, Unwissenheiten, Hass und Gier werde ich jeden von euch leiten und mit Gottes Hilfe führen. Ich werde euch trösten und hüten mit all meiner Liebe und euch die Wege des Lichts wieder eröffnen, so ihr dazu bereit seid.

Wacht auf, geliebte Kinder Gottes. Die Wege des Lichtes und der Liebe sind es, nach denen es eure Seelen verlangt. So ist nun die Zeit gekommen, wo die Erinnerungen an das Universell-Göttliche und seine Segnungen ihren heilvollen Platz wieder erringen sollen, zum Wohl von Allem-Was-Ist.

Das Göttliche Licht in euch ist die Essenz, die Information des All-Eins-Seins, die in jeder Zelle eures Sein verankert ist, und sie bedingt eine stetige Verbindung, Weisung und Segnung von Gott-Vater-Mutter-Kosmischer Geist für jeden für euch und bedeutet, dass alles, was je eine Seele braucht auf ihren selbstgewählten Wegen, Gott in seiner Allmacht zu repräsentieren und sich selbst zu erkennen, in ihr *selbst* liegt. Denn sie ist zu jeder Zeit *untrennbar* eins mit Gott-Vater-Mutter.

Alle Göttliche Liebe, die euch immer geistig-seelisch nährt und Fülle, Sicherheit und Schutz schenkt, ist ebenso in jeder eurer Zellen manifestiert und schenkt euch auf allen euren Wegen, die ihr in eigenem Willen erwählt, Gottes und seiner Helfer, der Engel, Beistand.

So war seit langer Zeit und ist es nun immer noch der Menschen Auftrag, das Bewusstsein der göttlichen Ur-Information von Licht, Liebe und unendlicher Fülle, *die kosmische Weisheit*, als einzige Essenz ihrer selbst wieder anzunehmen, zu respektieren und in Eigenverantwortung zu praktizieren. Für jeden und alles, jeden Tag wieder aufs Neue, um das Ganze zu heilen, ihm zu dienen und selbst geheilt zu werden.

Dieser Auftrag beinhaltet primär für jede Seele, mit ihren Schattenanteilen in Resonanz zu gehen, was durch Schicksal und Karma im irdischen Leben möglich ist und gegeben wird. Durch geduldiges Verständnis, Hingabe und mutige Absicht können lichtlose Schatten-Schöpfungen ins Licht und in die allumfassende Liebe gehoben werden. Der Weg der Schatten wird so von den erwachenden Herzen erleuchtet und damit der Weg zur Heilung beschritten.

Scheinbar getrennte Seelenanteile integrieren sich jetzt wieder selbstständig und die Seele wird ein strahlender Seelenstern, eine göttliche, in sich in Fülle schwingende, aus sich selbst schöpfende Kristall-Ganzheit, wie von Gott gewollt.

Sie ist angekommen in Freude, Friede und Glückseligkeit und strahlt diese segensreichen, göttlichen Aspekte aus auf die Erde und in den Kosmos. Ihr göttlicher Auftrag ist erfüllt.

Geliebte Kinder des Lichts, die Wege, die ihr dabei beschreitet, um wieder hell strahlende, vollends erwachte Seelensterne zu werden, sind so unterschiedlich wie die Sterne am Himmel. Deshalb lasst euch durch andere nicht verunsichern auf euren Wegen. Hört auf eure Herzen, sie wissen euch zu leiten. Und alle Engel und ich natürlich auch.

Achtet also auf eure Gedanken und lasst sie in Fülle, Frieden und Freude schwingen, damit allein diese eure Leben anfüllen und ausfüllen können. Denn Gott-Vater-Mutter hat mir befohlen, an eurer Seite zu sein und euch zu stützen, wenn euch die Dunkelheit der Schatten auf euren selbstgewählten Pfaden der Erkenntnis umfängt und ihr euch verloren wähnt. So darf ich das Licht sein, das euch leuchtet und schützt, wenn ihr bereit seid, eure Dunkelheit zu erhellen, weil ihr euch erinnert.

Ich liebe euch so sehr.

Aannathas Lichtträger

Göttliches Kraftfeld Liebe

Wie ich dir schon sagte, ist es allein die Liebe, die siegen wird. Liebe ist Gott und alle seine Schöpfungen, also auch du. Wenn du dir nun dieser Göttlichen Wahrheit bewusst wirst, kannst du dir ausmalen, welche wunderbaren Auswirkungen das für dein Leben hat.

Hier will ich dir erklären, welche unendlichen Freuden das für dich und deine Seelengeschwister zu jeder Zeit bereithält.

Gott-Vater-Mutter-Kosmischer-Geist, *Alles-Was-Ist*, die Urquelle allen Seins, ist für dich jetzt in deiner irdischen Körperlichkeit nicht leicht zu verstehen, denn Gott ist schwerlich als Person darzustellen. *Die Urquelle ist alles, was ist, und mehr …* Doch es ist nicht nötig, dass du es verstehst mit dem Verstand, denn das möchtest du vielleicht. Viel wichtiger ist es, dass du die Urquelle Gott-Vater-Mutter mit dem Herzen wahrnimmst, fühlst und darin verstehst. Wenn du dazu nicht bereit bist, kannst du die wundervollen Kräfte, die geniale Magie und das Heil bringende Licht, was *alles Gott ist* und seine Liebe beinhaltet, nur bedingt in deinem Sein nutzen.

Sicher wird jeder Seelenstern zu jeder Zeit auf seinen selbstgewählten Wegen von Gottes Hand und seinen Helfern, den Engeln, geschützt. Doch die größte Energie-Quelle, die Liebe, die überall auf Erden und im Kosmos fließt, kann sich nicht in Vollkommenheit entfalten und wichtige Hilfen bleiben ungenutzt. Denn immer ist es die eigene Absicht und Entscheidung einer jeden Seele, die ein eigenverantwortliches göttliches Schöpferwesen ist, für sich selbst diese Göttliche Wahrheit zu erkennen und anzuerkennen und sodann ihre alles klärenden und heilenden Attribute zum eigenen Wohle und dem Wohle des Ganzen anzuwenden.

Geliebtes Kind des Lichts, es gilt für dich zu erkennen, dass die *universelle, göttliche Liebe* immer die Grundessenz von *allem* ist, von der Grundschwingung allen Seins auf der Erde und im Kosmos. Sie ist zugleich auch das Göttliche Licht, das alle Informationen, Aspekte und Impulse der stetigen Bewegung des *Stirb und Werde*, dieser ewigen kosmischen Evolution, in sich trägt. So bedingt die Liebe Leben ohne Streben im Licht des göttlichen Bewusst-Seins und die Göttliche Präsenz des IST, die immer Grundlage jeder Schöpfung ist.

Der Sinn im Göttlichen Sein ist es, nicht zu bewerten, zu urteilen, zu erreichen, zu übertrumpfen, zu haben oder zu bestimmen, sondern *allein* durch wohlwollendes Sein das Ganze zu ehren, zu lieben, zu achten und zu manifestieren; in freudvoller Ekstase die überall und allzeit erblühende Schönheit aller göttlichen Schöpfungen mit jeder Zelle und mit allem Sein wahrzunehmen und die dabei empfundene Glückseligkeit hinausschwingen zu lassen in den Kosmos; positive Gedanken auszusenden und ausschließlich zu hegen, um Gott-Vater-Mutter in Hingabe und Dankbarkeit für alles Leben zu ehren, das *immer* in Fülle gegeben wird.

Das ist der Sinn allen Lebens auf der Erde wie in allen Welten. Denke darüber nach. Kannst du dich damit identifizieren? Es ist an dir, geliebtes Kind des Lichts, diese einzige Wahrheit in deinem Leben zu manifestieren. Die Ernte wird lichtvoll-gewaltig und reich sein. Großartig an Fülle, Frieden, Freude, unendlicher Sicherheit und Schutz. Denn das ist es, was Gott für dich und für jeden von euch bestimmt hat.

Möchtest du diese Sicherheit und diesen Schutz in deinem Leben manifestieren, dann ist die Göttliche Liebe das Einzige, was du dazu brauchst. Geduld und Glaube in der Zeit werden es hervorbringen.

Da die Liebe ein Schwingungsfeld ist, ein Lichtfeld – das auch in dir schwingt – und das alle Aspekte der Liebe als Information in sich trägt, ist es an dir, dieses Lichtfeld zu aktivieren. Dieses Lichtfeld ist das allumfassende, somit höchste und stärkste Kraftfeld im Kosmos, und es ist ein Leichtes für dich, es dir dienstbar zu machen.

Allerdings erfordert das Göttliche Gesetz der Resonanz, dass du damit bei dir selbst beginnst, da Gleiches *Gleiches* anzieht. *Beginne dich zu lieben, so wie du bist.* Mit all deinen Vorzügen und Fehlern, wie du sie vielleicht nennst.

Sieh dich dazu an. Achte bewusst auf deine Gedanken über dich selbst. Denkst du wirklich nur das Beste von dir, siehst du vor allem deine Talente und Vorzüge oder eher nur deine Unzulänglichkeiten? Bewertest du dich täglich negativ, nur weil manches nicht so klappt, wie du es dir in deinem Verstand ausgedacht hast? Oder bist du voll des Lobes für dich, was du wirklich sein darfst. Denn Ich sage dir, es bedarf großen Mutes, ein Leben in der irdischen Körperlichkeit zu wählen und zu wagen, um der Selbsterkenntnis willen, zum Wohle von Allem-Was-Ist.

Ich erinnere dich jetzt daran, dass du göttlich bist. Ein Kind Gottes und seiner größten Herrlichkeit, Genialität, Weisheit und Liebe. Wie könntest du ungenügend, wertlos, langweilig, kraftlos oder gar dumm sein? Glaube mir, geliebtes Wesen des Lichts, das sind irrationale und einfältige Behauptungen, die unachtsamen, unwissenden Mündern und Gedanken entsprungen sind. Du hast diese Behauptungen vielleicht seit Langem übernommen, du erschaffst und glaubst sie vielleicht sogar und richtest dein Leben danach aus, ohne Klarheit zu schaffen. Ich sage dir mit Nachdruck: *Niemals ist so etwas dein Göttliches Erbe.*

Verstehst du, was ich meine?

Selbst eine Behinderung macht einen Menschen weder wertloser, armseliger, hässlicher oder unwichtiger in Gottes Augen. Dieser Mensch hat Gottes *besonderes* Wohlwollen und Liebe, ist er doch bereit, den dualen Spiegel von perfekt, normal oder andersartig aufzuzeigen. Auch öffnet er anderen Menschen ihr vielleicht verhärtetes Herz und erweckt ihr Mitgefühl durch seine Andersartigkeit. Wie wäre das anders möglich? Erkennst du, welchen großen Mut und Aufopferung das für einen Seelenstern erfordert, der im Himmel *genauso* perfekt ist wie du. Denke darüber nach. Sicherlich begegnest du dann solchen Menschen in Zukunft mit noch mehr Verständnis,

Mitgefühl und Liebe – denn jeder von euch ist von Gott gleich geliebt.

Geh deshalb jetzt, in dieser besonderen Zeit auf Erden, oft in die Stille deines Herzens, um das zu verinnerlichen, und erforsche dich, deine Größe und deine Stärken mit deiner mitfühlenden Liebe – und du wirst deine Göttlichkeit in dir spüren. Schenk diesem Wissen – in Geduld – dann Beachtung und Raum, weil du dein Leben in Zukunft kreativ lenken willst: So wird dein Leben sich allmählich zum Guten hin verändern.

Denke daran, diese Eigenliebe immer und immer wieder zu praktizieren. Dadurch beginnst du, deinen Lichtkörper mit Liebe anzureichern, alle Ängste aufzulösen, nach und nach mit kristallinem Licht zu durchwirken, zu erhellen und dich schließlich zu ganzer Größe zu entfalten und auszudehnen.

Die Folge davon ist ein in starker Liebe schwingender Resonanzkörper, *dein Körper*, der dein Leben in Zukunft reicher, sicherer und friedvoller werden lässt. Schwingst du dann in erwachter Liebe, kannst du dein Umfeld, alle Menschen und Situationen, die sich darin aufhalten oder beteiligt sind, daran teilhaben lassen.

So schwingt Liebe aber auch stabilisierend auf die Erde und in den Kosmos hinaus, und du hast deine Aufgabe erfüllt, die du für dich selbst und das Ganze übernommen hast. Du hast dich zu einer weit hinausstrahlenden *Lichtsäule* der Liebe entfaltet. Deshalb bist du auf dieser Erde.

Bedenke bitte, dass jedwede Heilung für das Ganze in letzter Konsequenz zuallererst von dir und von allen anderen Kindern Gottes ausgehen muss, denn du bist und ihr seid göttliche Weisheit in sich tragende Informationszellen von Allem-Was-Ist. Denn: *Wird sich eine Zelle ihres Lichts wieder bewusst, werden alle anderen folgen.*

Die wunderbaren Aspekte der Liebe sind so reichlich, dass ich dir nicht alle aufzählen kann. Aber einige der wichtigsten will ich dir nennen. Liebe beinhaltet und erzeugt Weisheit, Freude, Güte, Frieden, Gesundheit, Erfolg, Wunder, Freiheit, Entfaltung der wahren Schöpferkraft, Heilung aller Art, göttliche Einweihung

(Ministration), Vision, Glück, Fülle und Reichtum jeder Art. Als wichtigsten Aspekt aber Sicherheit und Schutz. *Den Schutz*, den ihr allzeit sucht und durch Anhäufung von *Irdischem* zu erreichen versucht und ihn so doch niemals finden könnt: denn wahrer Schutz ist euch geschenkt bei Geburt aus dem göttlichen Licht in das Lichtfeld der Erde. *Doch allein deine Gedanken und dein Vertrauen in die Liebe aktivieren diese Sicherheit und diesen Schutz für dich zu jeder Zeit!*

Sind menschliche Wege, die du siehst, dunkel, traurig und elend, so ist es nötig, karmische Zusammenhänge, aber auch alte, übernommene und deshalb *wieder gelebte Muster* zu erkennen und *gelten* zu lassen, die immer die Folge eines frei gelebten Willens der göttlichen Schöpferwesen sind. *Hier wurde nicht auf die Kräfte der Liebe vertraut,* somit konnten göttlicher Schutz und Sicherheit sich nicht entfalten, weil freier Wille es hinderte. Ich werde dir später mehr darüber sagen, damit du verstehst.

Willst du nun diesen Schutz für dich und dein Leben bewusst eröffnen, so bedenke, dass du auf der Erde in der Energie der *Dualität* schwingst. Das bedeutet, dass alles, was du denkst, sprichst und tust, in gleicher Weise zu dir zurückkehrt. Das ist das *Gesetz der Resonanz*, dem du und deine Geschwister auf Erden anheim gegeben seid.

Möchtest du also das Kraftfeld Liebe mit all seiner Fülle für dich nutzen, so ist es erforderlich, dass du ab sofort versuchst, dein ganzes Leben in allumfassender und bedingungsloser Liebe zu gestalten. Beginne, wie ich dir schon sagte, damit in deinen Gedanken, denn dort formst du als allererstes dein Tun. Erschaffe alles in Liebe, und zwar stets. Erst wenn du damit beginnst, wird dir auffallen, wie wenig du oftmals in allumfassender Liebe denkst und handelst.

Erfasse jetzt mit deinem Denken und Fühlen das Wort *bedingungslos*. Anschließend das Wort *allumfassend*. Kannst du begreifen, wie weitreichend diese zwei Worte und ihre Bedeutung sind? Was können diese Aspekte der Göttlichen Liebe alles bewirken? In deinem Leben und im Leben von allen anderen?

Meditiere über jedes dieser Worte und verinnerliche die Ergebnisse in deinem Herzen.

Sie werden so umfangreich sein, dass wohl ein Tag, eine Woche, ein Monat und noch viel mehr Zeit nicht ausreicht, alles zu ergründen. Das ist die *Göttliche Magie der Weisheit*, die in allem schwingt, alles verbindet und alles bedingt. Auch dich und dein Sein.

Kannst du dir vorstellen, wie wundervoll und himmlisch dein irdisches Leben sein könnte, würdest du dich in Zukunft immer mehr eingeben in diese segensreiche Energie der Göttlichen Liebe? In dieses herrlichste, genialste, kosmische und göttliche Kraftfeld? Was *allein* Schutz zu jeder Zeit für dich bedeutet, im *Rahmen* deines selbstgewählten *göttlichen Planes*: unendliche Sicherheit, Schutz und Fülle, sodass jede Angst und jeder Mangel sich nach und nach auflöst. Das ist das größte Geschenk, außer eurem Leben, das Gott-Vater-Mutter euch allen macht.

Das können noch nicht alle von euch bewusst wahrnehmen und erkennen. Sie sind noch nicht gewillt zu vertrauen, noch nicht gewillt, voller Hingabe und Mut zu glauben, dass sie ausschließlich göttlich sind und deshalb zu aller Zeit über göttlichen Schutz und Sicherheit verfügen, und so ist ihr Leben von Unsicherheit und Mangel bestimmt. Doch nun hat die Zeit der großen Transformation unabänderlich begonnen und viele werden erwachen. Sobald ein Seelenstern sich dazu entschließt, ein eigenverantwortliches Leben in bedingungsloser Liebe zum Wohle des Ganzen zu erbringen, wird dieses göttliche Geschenk jedem gewährt. Auch wenn der Mensch das auf seinen irdischen Wegen zeitweise vergisst.

Ganz gleich, wie dieses Leben verläuft, nichts wird diesen Schutz je gefährden. Elend, Krankheit, Mangel und Leid sind dabei immer nur *Lehrer* auf den Wegen der Erkenntnis. Der Tod ist stets nur eine *Wandlung ins Licht*, in den Ursprung Licht und Liebe. *Niemals* ist er das Ende mit Schrecken und Verzweiflung. Allein wer das denkt, wird es hervorbringen – *denn er ist Schöpfer.*

Geliebtes Kind des Lichts, bedenke das immer. Alles, was du denkst, manifestierst du so lange, bis du Neues denkst und manifestierst. Es ist an dir, deine Welt und deinen Himmel zu erschaffen. Du bist ein Teil von Gott, so erschaffst du deine Welt und deine Himmel – die die Himmel Gottes sind –, du hast sie einst erschaffen und wirst sie auch in Zukunft erschaffen. Erkenne, wie wundervoll das ist.

Erkenne auch, dass es an dir und deinem Denken und Tun liegt, wie sich dein Leben entwickelt hat und weiter entwickeln wird. Denn alles, was du um dich herum in deinem Leben siehst, entsprang einst deinen Gedanken und ist ausnahmslos deine Schöpfung, auch wenn du das jetzt nicht glauben willst. Erinnere dich, du bist *göttlich,* und was Gott erschaffen hat und erschaffen kann – sieh dich um –, das sollte jetzt alle deine Zweifel auflösen.

Nutzt du also das geniale göttliche Kraftfeld der Liebe bewusst, weil du selbst jedem und allem in bedingungsloser und allumfassender Liebe begegnest, so wird dein Leben in Zukunft ein leichteres, friedvolleres und glücklicheres werden. *Es liegt an dir, das zu tun.*

Begib dich bewusst in die Energie der Resonanz, der universellen Anziehung. Lässt du die Liebe dein Leben bestimmen, so wird dein Lichtkörper, dein Resonanzkörper, mehr und mehr Liebe anziehen und du wirst in diesem Licht- und Kraftfeld der Liebe schwingen, das dich sodann auf allen deinen Wegen schützen und sicher tragen wird.

Alles Karmische und alte Muster werden sich leichter auflösen und die Vision deines Lebens wird sich in Freude zeigen. Dein Leben wird schöner, leichter und voller Harmonie sein, ganz gleich, was auf Erden in dieser *großen Zeit der Wandlung* geschieht. Es wird dich nicht erreichen, denn dein göttlicher Schutz ist unantastbar und unzerstörbar. Du wirst in Fülle, Liebe und heilendem Licht durch dein Leben gehen. Freude und Friede werden an deiner Seite sein.

Bist du gewillt, täglich immer wieder aufs Neue in das Kraftfeld der Göttlichen Liebe einzutreten, wird es dich außerdem klar, rein, stark, zentriert und mutvoll machen. Es ist die einzige wahre Möglichkeit, nachhaltig alle dunkle und negative Fremdeinwirkung in Leichtigkeit und Mitgefühl von dir *fernzuhalten*. Glaubst du jedoch nicht daran, *verwehrst* du dir in letzter Konsequenz das Wichtigste: die vollkommene Entfaltung deiner eigenen göttlichen Kräfte, die unentwegt aus der Weisheit deines höheren Geistes gespeist werden. Und was allein durch die praktizierte universelle Liebe möglich wird. Doch *du* allein bestimmst, wann das geschieht.

Ich, Erzengel Aannathas Lichtträger, Lenker aller Amethyst- und Opal-Kristalle der Transformation Bin an deiner Seite mit all meiner Liebe, damit du deine Liebe wieder fließen lassen kannst, um so ein wahrhaftes Licht auf Erden zu sein – für dich und Alles-Was-Ist.

Vertraue, denn ich liebe dich.

Aannathas

Die Göttliche Wahrheit über dich

Meine erste und wichtigste Botschaft, die mir aufgetragen ist, dir zu überbringen, ist die *Wahrheit über dich*. Wie ich dir schon sagte, ist alles, was ist, auf der Erde und des Weiteren im Kosmos *göttlich*. Von Gott erschaffen zu Anbeginn aller Zeit, aus seiner Mitte entsprungen, ist seine Substanz Licht und Liebe. Denn *das* ist Gott. Also kann alles, was er erschuf, auch nur *das* sein. Sicher leuchtet dir das ein. Eine richtige und ehrliche Erkenntnis davon ist die Voraussetzung für dich, dein Sein zu verstehen.

Du bist ein sogenannter *Seelenstern*, der eine ganz *eigene Strahlungsexistenz* hat. Ein Seelenstern ist immer eine göttliche Keimzelle, gleichzeitig aber auch ein göttliches Individuum, das in einem menschlichen Körper zum Ausdruck kommt. Und jeder Seelenstern besitzt immer alle göttlichen Qualitäten, ist also absolut *eins mit Gott*.

Er ist erwachte Göttlichkeit und gottgleich in jedem Augenblick.

Doch im Eins-Sein mit Gott ist der Seelenstern gleichzeitig auch ein sich immer selbstbestimmendes Individuum, das lediglich *quantitativ* von der Ur-Quelle Gott getrennt ist wie der Tropfen vom Meer oder der Sonnenstrahl von der Sonne, die in ihrer *Wirkung* (Qualität) gleich, doch in der *Menge* (Quantität) verschieden sind. Jeder Seelenstern bleibt also energetisch gesehen, egal *wo* und *in welchen Verhältnissen* er sich befindet, verbunden mit der Ur-Quelle Gott.

Jeder Seelenstern durchläuft auf eigenen Wunsch und in hoher Intensität alle nur möglichen Entwicklungs- und Erfahrungsprozesse, um seine göttliche Ganzheit und Präsenz in Vollkommenheit zu erfassen und zu manifestieren. Lass *das* zu deinem Leitsatz werden. Verankere ihn in deinem Wissen.

Du solltest dir auch klarmachen, dass Gott die eine Quelle aller Bewegung und allen Maßes ist. Und doch ist Gott als Ganzheit die Formlosigkeit, denn nur so ist Schöpfertum in Unendlichkeit möglich.

So wie die Null in eurem Zahlensystem eigentlich keinen Wert bezeichnet und euch dennoch *einzig* die Möglichkeit eröffnet, bis in die Unendlichkeit zu rechnen, so ist der *göttliche Raum* nach eurem (Verstandes)-Empfinden zwar endlos und leer, doch allein diese Leere lässt wahres Schöpfertum und ewiges Gebären zu. Und so gebiert die Quelle unendlich *göttliche Funken*, die sich sodann in unterschiedlichsten Formen verkörpern können, um in der Weite des Universums Gott zu verwirklichen und zu repräsentieren.

Sobald diese Göttlichen Seelensterne ihr Schöpfertum annehmen und leben – indem sie in ihrem freien Willen erschaffen (was auch immer) –, wirft ihr Licht Schatten, an und in dem sie dann ihre Schöpfungen ermessen und erkennen können.

Diese göttlichen Funken erschaffen sich nicht unbedingt nur in einem *menschlichen Körper* (wobei sie immer Lichtwesen bleiben), sondern ebenso auch als Tier, Pflanze, Stein, Element oder kosmischer Äther. Denn all diese Formen sind nötig, um das ewig Göttliche in seiner ganzen Schönheit, Weisheit, Genialität, Vielfalt und Liebe zu entfalten.

All das geschieht immer in gegenseitiger Achtsamkeit, harmonischem Gleichklang und fließender Ergänzung sowie in tiefem Empfinden der Liebe zum Ganzen, damit der Göttlichen Allmacht und Allwissenheit Genüge getan wird. Damit Gottes ewige Präsenz und strahlende Herrlichkeit erblüht, zu jeder Zeit und an jedem Ort.

Das bedeutet Leben im Sinne Gottes.

Erkenne bitte, Gott ist Licht in reinster, formloser Essenz und alle seine Schöpfungen und Schöpfungsräume sind es ebenfalls. Und dieses Licht trägt *eine* Information in sich: *Liebe.*

Geliebte Kinder Gottes, alles, was ihr seht, nennt ihr *Materie.* Ihr unterscheidet auf Erden grobstoffliche Materie, also alles Sicht- und

Fassbare, und feinstoffliche Materie, die nicht fassbar und nicht sichtbar ist. All diese Materie ist *jedoch im Ursprung immer neutrales, in Liebe schwingendes göttliches Licht,* es ist verkörpertes (unsichtbar wie sichtbares) göttliches Bewusstsein, das durch schöpferische Gedanken eine Form erhalten *kann.* Findet sich dieses göttliche Bewusstsein durch Inkarnation im Menschen ein, so entfaltet es „Selbst"-Bewusstsein und wird zum autarken Schöpfer. Um für euch in Erscheinung (sehen und fühlen) zu treten, ist es stets an etwas Wesenhaftes gebunden.

Beide Materien beeinflussen sich *immer* gegenseitig. Ihr beschränkt euch aber vor allem auf die sichtbare Materie und versucht damit den Geist, euer Leben und eure Welt zu beeinflussen. Dadurch geht euch auf Erden große Weisheit verloren, denn so wie die sichtbare Materie auf euer Sein einwirkt, so wirkt in gleichem Maße auch die nicht sichtbare Materie auf euch und euer Sein.

Stellt es euch vor wie ein Orchester: Der Dirigent ist Gott, die Töne sind das Feinstoffliche und die Instrumente das Grobstoffliche. Nur so kann sich letzten Endes alles zu einer wundervollen himmlischen Melodie zusammenfügen, werden *beide Elemente –* sichtbare wie nicht sichtbare Materie – gemeinsam genutzt, die in Gleichklang, Harmonie und Ausgleich schwingen.

Sie zu Gleichklang, Harmonie und Ausgleich zu bringen, ist die Aufgabe, die ihr durch eure feinstoffliche Gedankenkraft und die daraus folgende grobstoffliche Tatkraft bewerkstelligen könnt.

Also: Die Dichte und somit die Häufigkeit der Gedanken bestimmt deine Schöpfung: Je liebevoller du denkst, umso transzendenter die Schwingung und umso lichtvoller werden deine Schöpfungen. Das zu üben, habt ihr euch inkarniert und lebt ein irdisches Leben.

So wurde einst zu Anbeginn der Zeit vom Schöpfer euer Planet erschaffen, und er verfügt über einen dichten, grobstofflichen Körper (den ihr als *Erde* bezeichnet), damit seine Kinder des Lichts sich *fühlen* können, wenn sie ihre Schöpfermächte erproben und wieder verstehen lernen. Denn die hohe und manifeste Dichte alles Irdischen gibt den Menschen die Möglichkeit, sich zu erfahren, zu spüren und zu entfalten.

Die Erde verfügt ebenso über einen Geistkörper wie du, der sich deinen irdischen Augen entzieht. Auch schwingt die Erde in Licht und Schatten, in der Dualität, die alles Bewusstsein spiegelt, damit du dich selbst und dein Tun verstehen kannst.

Wenn ihr Menschen von der *Geistigen Welt* sprecht, so meint ihr die *himmlischen Licht-Ebenen oder Himmelssphären und ihre Bewohner, die Engel und die Licht-Sternenmeister.* Das sind *geistige Orte.* Räume, die jeweils in verschiedenen Bewusstseins-Schwingungen und dementsprechenden Farben leuchten. Ihr nennt sie auch Dimensionen. Dimensionen sind Licht-Ebenen in göttlichen Welten.

Jeder von euch kann diese Ebenen zu jeder Zeit kraft seiner Gedanken besuchen. Am Tag und in der Nacht. Während des Schlafs macht ihr das regelmäßig, auch wenn es euch verstandesmäßig nicht immer bewusst ist. Auch während einer Meditation oder in einem Tagtraum ist das Geübten möglich. Im Gebet ist jede Seele sogleich mit einer *entsprechenden* Licht-Ebene in Liebe verbunden

Diese Licht-Sphären (Ebenen, Dimensionen), die im unendlichen kosmischen Raum existieren, tragen also unterschiedliches Bewusstsein, was sich dort durch Farben ausdrückt. Die blaue Ebene z. B. vermittelt den Seelen *Öffnung, Frieden, Freiheit, Zentriertheit, Kanalisierung* und noch einiges mehr. Die rosa Ebene bedeutet u. a. *bedingungslose Liebe, Mitgefühl, Geborgenheit, Freude und Heilung.* Darüber werde ich euch in meinem nächsten Buch mehr berichten.

So finden sich dort alle Seelen ein, um von den durch Engel gelenkten Farb-Kristall-Strahlen durchwirkt, gereinigt, geklärt, gestärkt und unterstützt zu werden. Auch um ihre Wege der Erkenntnis auf Erden voller Mut und Kraft bis zur Vollendung weiter zu gehen. Je nach Bewusstsein der Seelen finden sich in den noch verschleierten, dunkleren Sphären die Seelen, die das strahlende Licht der entfalteten Liebe noch nicht aushalten können, weil sie *vergessen* haben, und die Bewussteren finden sich in den langsam immer heller werdenden himmlischen Sphären zur Heilung ein.

Eine *Dimension* bezeichnet also primär eine universelle Größe, im geistigen Verständnis ein *Informationsfeld,* eine *Licht-Sphäre oder Ebene* – eine Geistige Welt in den göttlichen Welten, wie du eben erfahren hast.

Von dort aus schwingen unentwegt gebündelte Licht-Strahlen auf die Erde und in den Kosmos, die ein bestimmtes Göttliches Bewusstsein tragen. Sie dienen den Seelen, um sich nach und nach an ihre Göttlichkeit zu erinnern.

Diese Strahlen werden stetig von der Ur-Quelle Gott genährt, aber auch von den verkörperten Gottes-Funken und den *Erfahrungen* ihrer Inkarnationen. Die dort gespeicherten geistigen Informationen sind Richtlinien für das Geistwesen Mensch und dienen dem göttlich Ganzen und seiner ewigen Evolution.

Himmelssphären oder Lichtebenen (Dimensionen), in denen Engel und Sternenmeister agieren, um die Seelen zu begleiten, sind also geistige Sphären, die durch Licht-Dimensions-Strahlen und ihr jeweiliges Bewusstsein durchwirkt, beschaffen und *geschaffen* sind. Sie schwingen in kristallinen Farben, die jeweils ein Bewusstsein bestätigen.

Je höher und klarer das hier gespeicherte Bewusstsein ist, umso heller, transparenter, kristalliner und opalisierender – wie Perlen schimmernd – zeigen sich die Farbschwingungen. Diese Feinstofflichkeit und Transparenz des Lichts erhöht die Heilung und Transformation der Seelensterne bis hin zur endlichen Vollendung.

So schwingt die Herz-Ebene in einer Mischung von Rosé, Zartgrün und Gold. Hier schwingt das Bewusstsein von Liebe, Geben und Nehmen, Mitgefühl, Sanftmut, Schöpferkraft u. v. m. Die Heilebene schwingt in allen Grün-Tönen. Orange ist reine Lebenskraft, Mut und Kreativität. Gelb vermittelt Selbst- und Ich-Bin-Erkenntnis. Dies sind nur einige der göttlichen Heilebenen.

Die Seelen lernen hier wieder *vergessene* Aspekte der Göttlichen Liebe zu fühlen, zu verstehen, erneut zu integrieren und zu manifestieren.

Geliebte Kinder des Lichts, erinnert euch, um euer Sein zu verstehen: Das Göttliche Licht IST, was bedeutet, dass es immer absichtslos,

. neutral und formlos ist. Es ist die Gott-Essenz, in der alles geschehen kann. Das ist für euch vielleicht etwas verwirrend, doch versteht bitte: Licht ist Liebe, und Liebe *ist* somit immer *überall*. Auch wenn sie nicht beachtet oder gelebt wird. Ihr *könnt* sie nutzen, aber sie drängt sich nie auf. Sie stellt sich zur Verfügung, sie will *nichts* außer zu *sein*. Denn *Sein* ist ihre Bestimmung. Sie schwingt in der Göttlichkeit und das ist eure ewige Essenz.

Erkennt bitte, dass ihr die Liebe nutzen könnt, wann immer ihr wollt. So ist es an euch, durch eure Gedanken Gottes Licht und Liebe in Form zu bringen, auf Erden wie im Himmel. Versteht aber auch, dass eure Schöpfungen, die ihr in Angst, Mangel oder in dunkler Unbewusstheit erschafft, die Liebe mit Schatten überlagern und *verschleiern*. Denn die Liebe tritt zurück, wenn euer freier Wille *lichtlos* agiert.

Verdichtest du also jetzt durch deine *geistige Kraft* deine Gedanken (weil du sie immer wieder denkst), so wird deiner Absicht alsbald eine Tat folgen. Es wird daraus auf Erden ein (grobstoffliches) Etwas. Eine …, deine Wirklichkeit.

Gleichzeitig erschaffst du ein geistiges Pendant, das Gegenstück, da du auf der Erde in der Dualität lebst und agierst. Das Pendant bleibt als geistige Schöpfung *immer* erhalten, da es im göttlichen Bewusstseinsspeicher manifestiert wird, in der sogenannten Akasha-Chronik, um anderen als Beispiel zu dienen (*Akasha* heißt im Sanskrit *erleuchten* und *erhellen*). Das ist ein Schöpfungsakt und den tätigst du immer wieder. Du bist also ein Schöpfer, positiv wie negativ agierend, ob es dir bewusst ist oder nicht.

Bedenke bitte: Allein Leben … und daraus resultierende Schöpfung … erschafft Bewusstsein, und deshalb lebst du.

Je höher *liebevoll, verantwortungsvoll und bewusst* die Kraft deiner Gedanken schwingt, umso lichtvollere Ergebnisse wirst du erzielen. Die Hilfe, die dir immer zur Verfügung steht, um die Kraft deiner Gedanken zu erhöhen, somit lichtvoller und bewusster zu werden, sind die universellen Dimensions-Strahlen-Felder, die sich in Farben darstellen und von denen es unzählige gibt. Wie ich dir schon sagte, je feinstofflicher und damit lichtvoller die Dimension wird, umso *höher* und *reiner* sind die Göttliche Energie und das Göttliche Bewusstsein. Das ist erforderlich, denn auch die Entwicklungsstufen der Seelen sind unterschiedlich.

Dimensionen sind also, wie ich dir schon sagte, feinstoffliche, *geistige Informationsfelder und Strahlen*, die göttliche Weisheit, Heilung, Licht und Liebe zur Verfügung stellen, die durch die Kraft der Gedanken – *gesteuert durch die Seele* – abgerufen werden dürfen.

Jetzt, in der Zeit des Quantensprungs auf der Erde, durchwirkt alles und jeden die Heilkraft des höchsten Lichtstrahls der göttlichen Ur-Quelle, der mit Gold und Silber durchwirkte opal-weiße Kristallstrahl, der irisierend-schimmernd wie Perlen alle Regenbogenfarben in sich birgt und alles mit Licht und Liebe überzieht. Er besteht aus höchstverdichteten Lichtkristallen, winzigen diamantenen Partikeln, die wie unzählige Spiegel wirken und so den Menschen aufzeigen – alles verfeinernd und erhellend, kann so erkannt, gesehen, verstanden und geklärt werden.

Ich bitte dich aus tiefstem Herzen, nutze diese besondere Zeit auf der Erde und mache dich frei und heil …, weil du wahre Liebe lebst.

Da du geistigen, göttlichen Ursprungs bist, bist du auch zu jeder Zeit mit allen Dimensionen des Lichts verbunden. Denn sie durchwirken deine Lichtkörper *unentwegt*. Sie ermöglichen jeden Entwicklungsprozess, da sie das ganze geistige Gut energetisch gesehen tragen, die göttlich-kristalline Weisheit. *Und zwar in unterschiedlicher Dichte oder Frequenz*, sodass jede Seele sie jeweils nach ihrem Bewusstseinszustand nutzen kann. Dabei entscheidet jeder Mensch selbst, wann und wie viel Göttliche Wahrheit er aufnehmen kann und will. Er bestimmt damit stets seine geistige Entfaltung, auf der Erde wie auch in den Himmeln.

Die Frequenz zeigt dabei immer die *Stärke des Lichts* auf, und Licht ist, wie du weißt, ein *Informationsträger*. Es sind hier also unterschiedlichste Informationen in unterschiedlichster Dichte (Menge) der

Göttlichen Wahrheit über Leben und Sein gespeichert, um den Menschen und Seelen zu dienen.

Diese Informationen können sowohl von Menschenseelen wie auch von jeder anderen Seele, z. B. der Erden- oder der Mondseele – denn Alles-Was-Ist ist beseelt – genutzt und erfahren werden. Sie ermöglichen den Seelen, den Geistwesen und auch allen anderen Beseelten (Tier, Pflanze, Stein usw.), sich immer und überall zu orientieren und elementares Wissen abzurufen. Nur so ist Evolution möglich. *Denn immer ist alles mit allem verbunden.* Die Absicht, der in Gedanken geformte freie Wille und Wunsch jeden Schöpferwesens, setzt diesen Vorgang in Bewegung. Und ganz gleich, wie und wie lange sich das hinzieht, es dient immer den Seelen und dem Ganzen.

Ihr Menschen auf der Erde arbeitet bis jetzt vorwiegend mit drei Dimensionen zusammen. Jedenfalls die meisten von euch. Bedenkt, dass es euch immer freigestellt ist, wie eure Entwicklung und Entfaltung voranschreitet. Ihr befindet euch also geistig gesehen in der *dritten Bewusstseinsdimension*, die die *Mensch-Ego-Dimension* genannt wird. Sie gibt euch die Möglichkeit, euren Schöpfungen und ihren Phänomenen auf Erden einen Körper zu geben, der durch Länge, Breite und Höhe irdisch erfassbar ist.

Es ist die Dimension, in der das Wissen, dass der Mensch vor allem Geist ist, noch nicht vollends angenommen wurde. *Wobei für euch wichtig zu wissen ist, dass sich zu jeder Zeit alle Dimensionen durchdringen.* Das bedeutet, dass zu jeder Zeit unterschiedlichste Heilungs- und Informationsmöglichkeiten in den verschiedenen Dimensionen zur Verfügung gestellt werden. *Diese drei geistigen Maßeinheiten (Licht-Dimensionen) erschaffen also Raum*, der immer mit der *Zeit gekoppelt* ist. Verstehe, kein Schöpferwesen kann etwas erschaffen ohne Zeit. Denn die *wahre* irdische Wirklichkeit kann sich nur durch Zeit im Raum zeigen.

Du erkennst also, dass die nächste Maßeinheit noch *fehlt*. Was bedeutet, dass sich einige von euch mit dieser 4. Dimension noch nicht beschäftigt haben. Schon lange ist es notwendig, diese *vierte*

Dimension zu leben, wahrzunehmen und anzunehmen: *die soge-nannte Wir-Dimension oder Dimension der Zeit, und das heißt, Zeit bewusst in Liebe zu nutzen in der Zeit.*

Zeit, die im Raum der Erde Liebe erschaffen und ihr dann einen Körper geben kann. Einen Körper des Lichts, der wachsen und sich ausdehnen kann, um göttlich auf Erden zu wirken, zum Wohle von *Allem-Was-Ist.*

Du verstehst, was das *Wir* bedeutet: gemeinsam erschaffen, um gemeinsam zu heilen. *Gemeinsam seid ihr stark in der Zeit.* Mitge-fühl, Sanftmut, Achtsamkeit und Nächstenliebe sind hier die wich-tigen Themen. Nicht jeder gegen jeden, wie es jetzt vorwiegend noch praktiziert wird. *Denn alles ist Eins.* Und soll es dem Ganzen besser gehen, muss die kleinste Einheit heilen: das *Ich.* Dein *Ich.*

Das kann nur geschehen, handelst du und jeder bei allem Füh-len, Denken und Tun mit höchster Verantwortung und Achtsam-keit. Beginnen solltest du dabei mit dir selbst, so bedingt das eine das andere. *Heilst du,* weil du dich achtest, liebst und ehrst, dir we-der Schuld noch Urteil zusprichst und dir Raum zugestehst für geis-tige Dinge und deine Kreativität, wirst du dies auch ausstrahlen auf alles andere.

So heilst du, was du in dir heilst, auch in deinem Gegenüber. So und nur so heilt sich auch das Ganze. So wird das Wir gelebt in Vollen-dung. Das ist jetzt in besonderer Form und Weise möglich.

Geliebtes Kind Gottes, es ist also unerlässlich zu erkennen, dass ein *wahrhaftes Sein* ohne den freien, göttlich erwachten Geist nicht möglich ist. Erkenne: Ohne das feinstoffliche, geistige Wissen um die Göttlichkeit eines jeden Individuums ist ein bewusstes Leben, ist Entfaltung nicht möglich. Ihr alle solltet die 3. Dimension be-wusst hinter euch lassen, die 4. Dimension jetzt bewusst leben, um die 5. Dimension nach und nach zu erringen: *die 5. Licht-Dimen-sion, die zwei göttliche Weisungen in sich trägt:* „Liebe deinen Nächsten wie dich selbst" und „Geist siegt über Materie".

Geschieht das nicht, sind die weiteren Folgen davon das, was du um dich herum täglich erlebst und was *bestehen* bleibt: Elend,

Krieg, Gier, Hass, Krankheit, um nur einiges zu nennen. Und das ist nun schon seit sehr langer Zeit auf Erden so und wird sich nicht ändern, ändert ihr euch nicht. Andererseits kann nun aber auch nicht mehr so weitergelebt werden. Denn deine irdische Mutter, die Erde, hat ebenfalls einen Inkarnationsprozess, den sie weiterführen will und wird. Das bedeutet, dass sie ihre Energie erhöht, um ihren Reinigungs- und Klärungsprozess zu vollziehen. Du bist zu aller Zeit aber auch ein Teil von ihr, denn sie schenkte dir einen Körper. So wirst du mit ihr diesen Prozess erleben, denn genau deshalb hast du freiwillig inkarniert.

Geliebtes Kind Gottes, viele von euch haben die *4. Dimension*, das *Wir-Bewusstsein*, noch nicht oder nur teilweise in ihr Leben integriert, obwohl die göttliche Vorsehung viel meisterliche Hilfe auf die Erde gesandt hat: Erzengel, ihre Helfer und große Licht-Sternenmeister. So waren und sind viele nicht bereit, ihr Bewusstsein zu erhöhen, indem sie ihre Gedanken mehr und mehr in die Energie der Liebe heben. Nun ist es aber schon *an der Zeit*, die nächste, die *5. Dimension,* in euer Leben einfließen zu lassen, denn sie *kündigt* sich bereits mit großer Heftigkeit an.

Du selbst hast das schon am eigenen Leib erfahren: Euer Wertesystem und andere veraltete, dogmatische Gesetze geraten mehr und mehr ins Wanken. Große Veränderungen in allen Lebensbereichen stehen euch bevor, denn es gibt neue Anforderungen in *der Neuen Zeit*, die einhergeht mit dem Eintritt in die 5. Dimension. Die 5. Licht-Informations-Dimension fordert mehr *geistige Kompetenz* von euch allen. Es ist also auch an dir, eine *neue Sichtweise* anzunehmen oder sie zu erweitern und zu verfeinern. Und du weißt in deinem Herzen, dass alles zu deinem Besten geschieht.

Vertraust du darauf, wirst du immer ein bestmögliches Ergebnis erhalten. Das ist sehr einfach, allerdings verlangt es von dir Disziplin, denn dein Verstand wird das sicherlich nicht ohne Murren hinnehmen. Immer wieder wird er dir anderes zuflüstern: Gedanken und Ideen, die noch aus der alten Zeit des *Gehorsams* gegenüber den weltlichen Obrigkeiten, aber auch von den Gesetzen und Wünschen *eurer* Begehrlichkeiten stammen und oftmals jeglicher Herzens-Weisheit beraubt sind. Aber auch von alten, verstaubten, überholten Wissenszöpfen des Verstandes, die längst abgeschnitten gehören, denn sie dienen dir nicht mehr. Sie machen dich schwer, müde, abhängig, leer, lustlos, träge und krank. Sie unterbinden deine eigene, göttliche Schöpferkraft, die freie Kreativität eines Individuums. Sie machen dich zum Sklaven und Handlanger, der jeglicher Eigeninitiative beraubt ist. Das willst du weder sein noch bist du das.

Fühlst du, wie schmerzhaft es ist, was ich dir sagen muss? Tief in dir ist dieses Alte, Fatale noch sehr präsent. Lösche es aus, weil du jetzt sofort deine kraftvolle, segensreiche *Schöpferkraft* annimmst. Weil du bereit bist, die Stimme deines Herzens zu hören, und dich von Strukturen löst, die dir nicht mehr entsprechen und dir deshalb Schmerz und Unwohlsein bescheren. *Werde frei*, weil du frei denkst, aus dir heraus denkst. Liebevoll, mutig, klar, achtsam und ehrlich. Gib deiner Kreativität endlich Ausdruck, denn das ist Gottes Ausdruck. So lebst du göttlich und ehrst den Gott in dir. Das ist die wahre Vision, wahres Sein, wahres Glück und wahre Sicherheit. Verstehst du, was ich damit meine?

Beginne gleich jetzt damit. Ich Bin mit dir. Vertraue, dein Leben wird so wunderbar und freudvoller.

Du brauchst es nur lichtvoll zu denken, dann sprich es aus, fühle es mit allen Sinnen, als wäre es tatsächlich, halte den Gedanken dann als bereits erfüllt in deinem Herzen fest und bekunde kraftvoll deine Absicht. Lass mut- und liebevoll eine Tat folgen, sage danke und es wird geschehen im Rahmen deines Karmas. Jetzt bist du ein autarker Schöpfer geworden.

Die 5. Dimension ermöglicht dir jetzt sofort, dein begrenztes Bewusstsein in ein grenzenloses umzuwandeln, denn sie hat energetisch begonnen.

Seit einiger Zeit wird auf die Erde höchstes Licht eingestrahlt, um allen Seelensternen die Kraft zu geben, das für sich zu erreichen. Doch die *freie Entscheidung* bleibt jedem erhalten: So wird in Zukunft äußerlich zwischen Menschen kein auffälliger Unterschied bestehen, aber in ihrem *Denken*. Sie werden unterschiedliche Ansichten in ihren Denk- und Verhaltensweisen und in ihrem Wertesystem aufweisen.

Sie leben geistig sozusagen in verschiedenen Welten, was sich alsbald aber auch in ihrer irdischen Lebensweise ausdrücken wird.

Verstehe also, geliebtes Kind Gottes, *die 5. Dimension*, aus der der göttliche Strahl reinen Licht-Liebe-Bewusst-Seins jetzt auf die Erde ausstrahlt, *ist eine höchste, kristalline Strahlungsdimension*. Hier halten sich hohe *Lichtwesen* auf und agieren und *Sternenmeister*, die stetig neue Sterne erschaffen und somit reinstes *Ur-Wissen*, das die Information der Göttlichen Geisteskraft repräsentiert, hält und lenkt.

Das bedeutet, dass in dieser 5. Dimension das Wissen gespeichert ist, das dich selbst an deine Sternen-Herkunft erinnert: an jene einst gelebte Meisterschaft, die die Kraft für jeden bereithält, sich wieder an die eigenen Schöpferkräfte, an die eigene Meister-Energie, zu erinnern. Es trägt die Weisheit der karmischen Prozesse von Ursache und Wirkung und die Weisheit der wahren Freiheit durch Absicht und Bewegung in sich. Es trägt auch die wichtigsten Glaubenssätze in sich: dass Geist immer über die Materie siegt, dass es weder Schuld noch Urteil gibt, dass alles, was du aussendest, zu dir zurückkehrt, dass ewige Wiedergeburt das Leben bezeugt und alles immer eins ist, dass es meisterlich ist, grundlos Freude zu erzeugen, was allein ein Leben in der Freude garantiert.

Diese göttlichen Aspekte der kosmischen Weisheit und Liebe sind, wie ich dir schon sagte, in dem 5. Licht-Dimensionsstrahl gebündelt und gespeichert als *Informationsfelder*, ebenso in der 5. Licht-Sphäre der himmlischen Ebene. Die Informationsfelder tragen außer den Farbenstrahlen opal und violett aquamarinblau, goldgelb und weiß-kristallin. So schenken sie jedem von euch höchste Erinnerung, um euch zu zentrieren, Transformation, Öffnung und Erleuchtung zu erreichen. Unterstützend schwingt das Informationsfeld der Göttlichen Liebe und trägt die Farbstrahlen weiß-silber, gold-rosé, flieder und magenta und transportiert die erlöste Christus-Liebe und bewirkt somit Heilung und Ausgleich für Körper,

Geist und Seele – für jeden, der bereit ist, Geist und Herz im Vertrauen zu erheben.

Seit einiger Zeit wird dieser gebündelte Opal-Kristall-Strahl energetisch auf der Erde gespeichert und steht euch zur Verfügung. So ist es also an euch, eure Herzen und euren Geist angstfrei zu öffnen, um diese göttlichen Aspekte in eure Lichtkörper einfließen zu lassen. Seid ihr bereit, werden ich und meine Helfer euch dabei unterstützen. Tritt euer Verstand *zurück*, weil ihr es veranlasst, kann eure Seele alles Weitere einleiten. Tag und Nacht wird die Verbindung zur 5. Dimension und ihren Licht-Informationen dann gestärkt, gelenkt und unentwegt aufrecht erhalten, sodass jeder von euch den Lichtkörper-Prozess in Freude und Liebe vollziehen kann. Unendliche Fülle, Freude, Frieden, Sicherheit, Schutz und göttliche Schönheit werden dann euer Leben bereichern und ihr werdet die Himmel in euren Herzen finden.

Die 5. Dimension und ihre geistigen, licht- und liebevollen Aspekte ins Leben zu integrieren, ist immer ein *freier* Entschluss des Einzelnen. So werden auf Erden in Zukunft zwei Arten Menschen leben: einerseits die, die sich ihrer göttlichen Herkunft geistig immer bewusster werden und deshalb versuchen, ihr Leben immer mehr in Licht und Liebe zu erbringen, und andererseits die Menschen, die ihrer Unbewusstheit und Starrheit verhaftet und in ihr gefangen bleiben, was Dunkelheit bedeutet, die Krieg, Mangel, Angst, Hass und Elend heißt.

Je mehr du also bereit bist, an dich zu glauben, an deine göttliche Herkunft, an deine Geisteskräfte, umso mehr *verbindest* du dich mit der *Licht-Kraft der 5. Dimension*. Dein Geist wird in unentwegtem Austausch mit den *Sternenmeistern* stehen und sie werden deinen Geist *nähren*. Ohne Unterlass. Deine Lichtkörper werden erstarken, wachsen und sich ausdehnen. Die Folgen sind, wie ich dir schon sagte, Gesundheit, Freude, Glück, in Harmonie fließende Lebensumstände und ein absolutes Wissen um Sicherheit jeder Art und Fülle auf Erden. Du wirst deine geistigen Helfer immer besser verstehen und wahrnehmen.

Das Sehnen deines Herzens wird übergehen in unendlichen Frieden und Glückseligkeit. Du bist auf dem direkten Weg zu dir selbst, zu Gott. Versuche also, so oft du kannst, durch Beten, Meditation, durch Stille, Liebe, Geduld und Hingabe deinen irdischen Körper leichter und deinen Lichtkörper sensibler und lichter zu machen. Entsprechend einfacher wird dann für dich die Verbindung zur 5. Dimension.

Je stärker und freier dein Glaube wird, umso mehr göttlicher Geist kann und wird durch dich fließen.

Ich sagte dir zu Anfang, *dass Du wie Ich Gott bist*, unabdingbar ein Teil Gottes: Das ist deine einzige Wahrheit. Und Gott ist die Energie der Liebe und des Lichts, die allem innewohnt. Er ist nicht nur *eine Person*, Vater oder Mutter, Sohn oder Tochter, Kosmischer Geist, Himmlischer Äther, sondern *immer alles*. Schließe deine Augen und fühle, was das für dich bedeutet. Lass dir dazu Zeit. *Meditiere* darüber.

Ich sage dir dazu nur noch eines: Da du Gott bist, unabdingbar ein Teil von ihm, der alles Göttliche immer in sich trägt, hast du Verantwortung zu tragen, für dich und *Alles-Was-Ist*. Dem gerecht zu werden, in Liebe zu dienen sowie Weisheit, Güte, Mitgefühl und Barmherzigkeit auszustrahlen, ist die größte Sehnsucht deiner Seele. Achte diesen Wunsch, indem du ihn hörst, gib ihm Raum, gib ihm *erste Priorität* in deinem Sein, damit du deinen göttlichen Auftrag in Liebe und Weisheit erfüllst.

Ich Bin dabei immer an deiner Seite, wenn deine Seele es wünscht, denn ich liebe dich unendlich.

Aannathas

Der gefallene Engel

Man hat dir und allen deinen Geschwistern auf Erden eine ähnliche Geschichte erzählt: die *Geschichte von Luzifer, dem gefallenen Engel.* Eigentlich ist es ja meine Geschichte, die, wie du ja nun weißt, eben nur eine *Geschichte,* eine *Fabel,* ist. Diese Geschichte erzählt von einem Engel, der sein wollte wie Gott. Und der ihn sehr beleidigt und verhöhnt hat. Aber ich frage dich, glaubst du das wirklich? Glaubst du, dass ein Teil Gottes sich selbst verhöhnt? Wo läge da der Sinn und wo ein Gewinn?

Versetze dich selbst einmal kurz in diese Situation. Was könnte dir dabei von Nutzen sein? Fühle dich mit deinem Herzen hinein in diesen Engel. Er ist ein sich seiner selbst *bewusster Lichtfunke,* ein göttlicher Funke, aus Licht und Liebe entsprungen und schwingt allein in dieser Energie.

Er hat sich niemals aus Gottes Kreis der Liebe und des Lichts und seiner universellen Wahrheit entfernt, denn er hat sich niemals inkarniert!

Aannathas Lichtträger (von euch Luzifer benannt) wirkte allein in allumfassender Liebe *neben* Gott, und sein ganzes Sein erstrahlte nur in Harmonie, Bescheidenheit, Güte, Schönheit, kosmischer Weisheit und ewigem Gleichklang. *Alles Dunkle ist ihm fremd,* denn er ist durchwirkt von Liebe, Hingabe und Mitgefühl. Und er bewegt sich im direkten Lichtkreis der Urquelle, die allzeit *ist,* also keinerlei Streben verfolgt noch kennt. Er ist in der ewigen Bewegung des Lichts, das allein neues Licht und Liebe gebiert, und er dient Gott in Hingabe und Liebe.

Das allein ist seine Aufgabe. Eine andere kennt er nicht. Gott hat zu Anbeginn aller Zeit Aannathas Lichtträger als ersten Engel erschaffen, *gleich sich selbst*, und Aannathas Lichtträger ward somit *allerhöchster Lichtbringer* im Universum.

Alsdann übergab Gott ihm die wichtigste aller Aufgaben: alle seine Kinder zu hüten, die Er in seinem steten Schöpfertum gebären würde. Sie durch alle Welten ihrer lichtvollen Freuden, aber auch die der lichtlosen Schattenreiche der Begehren und Ängste zu führen, auf dass sie unterscheiden lernen, was Liebe und was ohne Liebe ist. Und so war und ist Aannathas Lichtträger *der erste Engel*, der Gottes Angesicht schaut: *denn er ist Gottes Aspekt der Vater-Mutter-Liebe, der seine Kinder in tiefster Liebe und Verstehen lenkt und führt.*

Gott in seiner Allwissenheit, Allmacht und All-Liebe wusste sehr genau, welchen Verführungen sich seine Kinder *selbst* aussetzen würden, wenn sie erst die großen Mächte erkennen, die in ihnen ruhen, da sie göttlich waren. Aber Gott wusste auch, dass *Wahres Bewusstsein* nur erkannt und entfaltet werden könnte, würden seine Kinder bewusst *sein*.

Die *Erde,* aber auch andere *himmlische Welten* würden so die besonderen Orte sein, die seinen Kindern, den Menschen, Raum und Möglichkeit bieten würden, sich ihrer *bewusst* zu werden und sich zu erfahren – bei allem Fühlen, Denken, bei aller Absicht und allem Tun.

Du hast auch gehört, dass jeder Mensch ein Seelenstern ist, ein Lichtfunke Gottes. Sobald aber ein Lichtfunke Gottes den Auftrag oder den Wunsch hat, sich selbst als Individuum für eine gewisse Zeit zu erproben, ist das stets im Sinne Gottes und dient dem Wohl und der Wahrhaftigkeit von *Allem-Was-Ist*.

Geschieht das, so verkörpert sich dieser göttliche Funke, um das Ganze zu spiegeln - in Licht (mit Liebe) und Schatten (ohne Liebe), um immer wieder zu unterscheiden, zu erkennen, zu klären und zu erneuern. Das bedeutet *Leben*. Es bedeutet aber auch *Unendlichkeit*. Ewiges Sein, das in seiner wahren Bewusstheit weder Angst und Zweifel noch Streben oder Trennung kennt. Gott *ist* und ist *ewige Bewegung,* deshalb geschieht das unentwegt. Und so werden die Seelensterne, wenn sie es wünschen, auf der Erde geboren. *Sie suchen sich alle Umstände selbst aus. Aus freiem Willen und Wissen.* In welchem Land, zu welcher Zeit, bei welchen Eltern und unter welchen Verhältnissen sie ein Leben absolvieren wollen. Denn sie verfügen über das göttliche Wissen, das alles stets in Verbindung, Ausgleich und Einklang hält. Dieses universelle Wissen steht jeder Seele zu jeder Zeit zur Verfügung. Es liegt an der Seele selbst, wann und wie sie dieses *innere Wissen* abruft und nutzt.

Wenn du in deine Welt schaust, kannst du erkennen, dass es in der Vergangenheit nicht alle Menschen – oder viele nur teilweise – nutzten. Sie lebten allein aus irdischem Begehren heraus, das das Wohl der Ganzheit und Einheit aus den Augen verloren hat. Nun ist die *Zeit im Wandel* und viele Menschen erwachen. Das aber ist *ohne Bewegung* niemals möglich. Willst du das verstehen?

Die Metapher vom *gefallenen Engel* aber rührt von der Angst der Menschheit her, die genau das, was ich dir eben sagte, nicht glauben und annehmen wollte – oder vergessen hat –, denn es hieße ja für sie, Eigenverantwortung zu übernehmen. Also Verantwortung zu tragen für alles, was ihnen begegnet, aber auch, was sie je berühren.

Sie haben vergessen, dass nichts im Himmel und auf Erden berührt werden kann, ohne dass es nicht auch das Ganze *berührt*. Du weißt, was das bedeutet und wie schwer es ist, das in jedem Augenblick zu bedenken und zu beachten. *Es erfordert stete Erforschung des Herzens und des Geistes.* Und es ist sehr viel einfacher, nur an sich selbst und seinen Vorteil zu denken und alles andere achselzuckend hinter sich zu lassen. Die Schuld anderen zu geben und seinen Weg achtlos und bewusst-los weiterzugehen.

Und so wurde Aannathas Lichtträger, höchster Lichtträger Gottes, als der *gefallene Engel Luzifer* aus der Angst und den Unzulänglichkeiten der verwirrten und verirrten Menschheit geboren. Bis heute hat sich dieses *Bild* in den Herzen der meisten Menschen erhalten, die von Angst und Mangeldenken genährt werden: ein uneinsichtiger und selbstsüchtiger Bösewicht, der folglich an allem schuld ist, was gerade so daherkommt. Bis jetzt passt dieses *Bild von mir* also sehr gut in eure Welt.

In der *Neuen Welt der Wandlung* hat dieses Bild aber *keinen Platz mehr*, es wird nicht mehr benötigt, und so fordert mich Gott dazu auf, *jetzt* den Menschen mein *wahres Licht* zu zeigen, denn jetzt haben sie die Kraft, es zu *schauen*.

Identifizierst du dich aber weiterhin mit einem dunklen, verderbten Luzifer, mit Teufel und Hölle, die im Göttlichen Plan nicht vorgesehen sind, die es nicht gibt und auch nie gab, außer *du* erschaffst sie für dich, so stehst du im Dunkeln, und zwar aus *freiem Willen*. Du hast immer die Wahl und hattest sie auch immer. Denke darüber nach. *Was du glauben willst, wird dein Himmel oder deine Hölle sein.*

Ich, Aannathas Lichtträger, Erster Engel Gottes, werde immer, ganz gleich was du wählst, mit all meiner mir von Gott verliehenen Liebe, Güte und Hingabe an deiner Seite sein, denn ich liebe dich sehr!

Wenn du nicht glauben kannst oder willst, dass du und jeder andere zu jeder Zeit ein über alle Maßen geliebter Teil Gottes bist und darum auch über die wundervollen Aspekte des göttlichen Lichts und der Liebe verfügst, stellst du dich selbst in eine dunkle Ecke und *du* könntest ein *gefallener Engel* sein. Denn du würdest diese alte Fabel wieder aufleben lassen, die jeder göttlichen Wahrheit entbehrt. Du würdest dich, weil du sie nicht loslässt, nach wie vor mit ihr verbinden und ihr damit energetisch durch deinen freien Willen weiterhin Leben ermöglichen. Ein Leben, das dein Leben (dunkel) zeichnet, denn du hast sie erschaffen.

Wäre das nicht traurig? Vor allem aber hemmt es deine Entfaltung und schwächt deine Kräfte, deine Schöpfermacht. Außerdem nährst du so diese unheilvolle Energie der Unwissenheit, der Schuld und des Urteil auf der Erde weiter. Erinnere dich bitte: Gott ist immer ohne Urteil und Schuldzuweisung.

Solltest du dich aber trotzdem noch nicht für das Licht und all seine Liebe und Weisheit entscheiden können, werde ich an deiner Seite sein und mit dir die Pfade der Dunkelheit durchwandern – so lange, bis du *die wahre Intention* deiner Seele nicht mehr *unterdrücken* kannst und dem Licht folgst.

Bedenke, geliebtes Kind Gottes, du und ihr alle, so könnte man sagen, seid noch in Ausbildung. Göttliche Kinder des Lichts und der Liebe, die ihre ganze Göttlichkeit entfalten wollen. *Götter in Ausbildung.* Ja, ohne Zweifel. Das ist Gottes größter Wunsch für seine Kinder, dass sie sich bewusst werden, *wer sie sind.*

Überlege und fühle für dich, ob du mit der lichtlosen Energie des gefallenen *unbewussten* Engels weiter verbunden bleiben willst? Solltest du das aber schon lange nicht mehr wollen, ist größte Freude darüber in meinem Herzen. Es ist also deine Entscheidung. Wie immer in deinem Leben. Es ist an dir, klug und weise zu handeln, wobei dir dein Herz und ich, solltest du mich anrufen, helfen werden. Hab dabei keine Angst, das ist nicht nötig. Entscheide dich und warte ab. Ich führe dich in Liebe durch alle Instanzen des Seins auf Erden, damit du am Ende Klarheit erfährst: um da heraus für dich Erkenntnisse zu ziehen, die dir helfen, eine Wandlung herbeizuführen.

Das ist meine Aufgabe und ich erledige sie gerne für dich und alle anderen. Gib dich vertrauensvoll in meine Arme.

Ich halte dich in Liebe.

Aannathas Lichtträger

Der Himmel liebt dich

Wenn ich dir jetzt sage, dass du in jedem Augenblick deines Lebens in Gottes Hand und seinem Schutz bist, weiß ich, dass du es mir *vielleicht* nicht glauben wirst. Du wirst es vermutlich verneinen. Und ich verstehe dich dabei gut. Angesichts der Tatsachen, die sich dir in der Vergangenheit zeigten und die auch jetzt präsent sind auf Erden, gebe ich dir vorab erst einmal recht. Mit den Augen der irdischen Realität magst du recht haben. Doch wäre das gegenüber dem Ganzen nicht gerecht, noch wäre es die Wahrheit.

Das Ganze, womit ich Gott, die Urquelle allen Lichts, aller Liebe und alle seine Schöpfungsräume meine, *sind*. Sie sind unendlich und zeitlos. Sie befinden sich stets im Ist-Zustand. Das Ganze fließt dahin ohne jegliche Zeit, die es begrenzt. Es urteilt nicht, noch weist es Schuld zu oder grenzt es ein. Es schwingt in Licht und Liebe. So wie dein Seelenstern, der immer in deiner Mitte strahlt. Deshalb bist du wie jeder Seelenstern zu jeder Zeit und bei allem, was du tust, in ewigem Licht und in heilender Liebe von Gott eingehüllt.

Alles, was du darüber hinaus erfährst und erlebst in deinem Sein, entspringt, wie du weißt, immer aus deinem freien Willen. Gott und auch wir Engel werden hier niemals eingreifen, denn wir respektieren dich und deinen freien Schöpferwillen. Wir erkennen an, dass es der ausdrückliche Wunsch deines *Über-Ichs* (Höheres Selbst) ist, Schicksal zu *erfahren*. Das solltest du nun besser nicht mit deinem Verstand begutachten, denn er wird dich in die Irre führen. Frage dein Herz in Stille und Mut, denn dein Herz weiß es.

Viele Seelensterne haben zur Entfaltung ihrer Schöpfermächte den Weg der *irdischen Realität* gewählt. Doch die *göttliche Realität* kann dabei niemals aus ihrem Bewusstseinsspeicher gelöscht werden. Wohin sie gehen, was immer sie auch denken, fühlen oder tun, sie sind ständig mit Gottes Liebe verbunden. Er gesteht ihnen auch immer den freien Willen zu, der freies Handeln bedingt und ermöglicht.

Verstehe, geliebtes Kind des Lichts, Gott in seiner All-Macht, All-Wissenheit, All-Güte und All-Liebe *ist.* Das bedeutet, dass Er sich *neutral* zu allem Geschehen verhält. Ich weiß, dass das schwer zu verstehen ist, und respektiere deine Einwände. Ich verstehe deinen Ärger und Gram, wenn ich dir jetzt sage, dass selbst Krieg, Gier und Neid, ja alles Leid und Elend auf Erden in der Energie des freien Willens geschehen kann. Gott lässt all dieses Hässliche zu, denn er hat seinen Kindern, wozu ja auch du gehörst, den freien Willen geschenkt, obwohl er schon vorhersah, was daraus alles werden könnte. Doch aus göttlicher Sicht ist alles Bewusstsein kostbar und wert, gelebt zu werden. Denn nur wenn alle Möglichkeiten von Bewusstsein gelebt werden, um in letzter Konsequenz Weisheit daraus zu schöpfen, wird Vollkommenheit erreicht.

Aber Schöpferkraft zu leben, bedeutet vor allem, alle *Facetten* dieser Macht zu leben, Grenzen zu überschreiten oder abzuwägen, um sie zu erkennen und zu verstehen. *Um zu verstehen, was Liebe ist und auch, was sie nicht ist.* Nur so werdet ihr alle wieder lernen, *euch zu erinnern,* und diese Kraft erneut sinnvoll und heilend lenken. Und ihr sind keine Grenzen gesetzt.

Ebenso sind alle Universen, Räume und himmlischen Ebenen, die das Ganze bezeugen, grenzenlos, unendlich und zeitlos. *Alle* göttlichen Schöpfungen sind es. Unendlich sind auch eure Möglichkeiten zu erschaffen. Wie, denkst du, sollten je diese Möglichkeiten ausgeschöpft werden, wenn sie nicht erprobt werden? Denke an ein kleines Kind, das auch beginnt, sein Leben und alles darin erst wieder zu erproben, um sich zu erinnern. Genau das tut ihr auch. *Einer mehr, der andere etwas weniger.*

Alles darf dabei geschehen, denn es birgt immer einen *Lernprozess*, letztendlich für *alle* Menschen, in sich, da *jede geistige Erfahrung* im universellen Informationsfeld, der Akasha-Chronik, gespeichert ist. Ihr seid ja alle *Eins* und somit kann jede Seele dort immer wieder Informationen zur eigenen Weiterentwicklung anfordern, was die *Höheren Selbste* auch tun. Das darfst du nie vergessen. Dann wirst du auch nicht mehr so hart urteilen. *Du wirst erkennen, wie kostbar jedes gelebte Schicksal letzten Endes für alle ist.*

Erinnere dich auch daran, wie unendlich groß das Verständnis, das Vertrauen, die Geduld, die Güte und die Liebe Gottes für alle seine göttlichen Funken ist.

Du musst dir also keine Sorgen machen, du musst auch nicht für andere *mit-leiden*. Wisse, *Leid verstärkt alles.* Schenke diesen Menschen dein Mitgefühl, dann hilfst du ihnen *wahrhaft:* denn es sind ihre Schmerzen, die ihnen große Erkenntnisse ermöglichen. *Schmerz ist immer der Diener der Erkenntnis.* Und so ist er wichtig für euch Menschen. Wenn du das annimmst, hast du viel für dich und alle anderen gewonnen. Du bist aus der *Opferrolle* ausgestiegen. Darüber werde ich dir in Bd. 2 ausführlich berichten.

Verstehe also, letztendlich haben sie selbst die leidvollen Situationen in ihr Leben gerufen, auch wenn sie das wohl sofort von sich weisen würden. Doch da antwortet nur der *Verstand*, das *niedere Bewusstsein,* das das göttliche Gesetz vom *ewigen Ausgleich durch Selbst-Erleben* nicht gelten lassen will.

Das *höhere Bewusstsein*, das *Wahre Ich*, wird dieses Leid vertrauensvoll annehmen und kraftvoll überwinden wollen, weil es weiß, dass es seiner geistig-seelischen Entfaltung dient und weil es diesen Umstand genau deswegen energetisch angezogen hat. Und dass es sich genau diesen Weg gesucht hat, um zu verstehen und um mit *Allem-Was-Ist* in lichtvollen Ausgleich zu kommen: eben sein *Karma* anzunehmen, das immer *Ausgleich zwischen Ursache und Wirkung aller jemals gelebten Leben aufzeigt, anstrebt und einfordert.*

Große Freude und Glückseligkeit wird nach Bereinigung des Karmas dieser Seelenstern empfinden, denn er hat seinen Weg ins

Licht fortgesetzt. Er hat den Verstand überwunden, der nicht bereit ist zu geben, *ohne einen sofort ersichtlichen oder errechenbaren Vorteil* zu erkennen.

Der Verstand ist sehr wichtig für euch Menschen, doch dient er euch erst gut und sinnvoll, verbindet ihr ihn mit dem Herzen. Geistig-seelische Ergebnisse oder Vorteile, die dann eintreten, wirst du *nicht immer gleich* mit den Augen der irdischen Materie wahrnehmen können. *Sie entziehen sich der irdischen Realität, verbindest du sie nicht mit der geistigen Realität.* Du wirst sie aber in deinem Herzen fühlen. So sehr, dass du sie nur schwer in Worte fassen kannst.

Doch höre, geliebtes Kind Gottes, siehst du in deinem Umfeld oder auch in weiter Ferne Menschen leiden und in Elend, sollst und darfst du jedem Menschen in seinem Leid dein Mitgefühl und deine Kraft senden (vielleicht, wenn möglich, auch direkte Hilfe anbieten). So kannst du ihn wahrhaft unterstützen und stärken, damit er alles besser überwinden kann: denn sendest du ihm Mitleid, wirst du ihn schwächen und sein Leid verstärken, denn dann glaubst du nicht an seine göttlichen Kräfte, die doch immer in ihm ruhen. Sende ihm deine uneingeschränkte Liebe, denn er ist ein Teil von dir, auch wenn du ihn vermeintlich nicht kennst, und sie wird ihn stärken. So hilfst du ihm wahrhaftig und dem ganzen Göttlichen: Seid ihr doch alle Eins.

Erinnere dich bitte daran, dass deinen den anderen helfenden Gedanken und Geisteskräften *keine Grenzen gesetzt sind*, dass sie jeglichen Raum und Zeit überwinden können. So arbeitest du stetig daran mit, das Ganze zu heilen, und somit auch dich selbst. Denn zu keiner Zeit bist du getrennt von irgendetwas. Denke immer daran.

Wenn ich dir sage, dass der Himmel dich liebt, so meine ich auch die Engel. Sie sind göttliches Licht und unermessliche Liebe. Selbst wenn du bis jetzt nicht daran geglaubt hast. Versuche es doch *jetzt* einfach einmal:

Geh in die Stille, an einem dir angenehmen Ort.

Lege deine Hände auf Bauch oder Herz und lausche.

Atme ruhig, bewusst, sinke tief und tiefer in dich hinein.

Lass deine Gedanken los, lass sie an dir *vorüberziehen*.

Konzentriere dich auf deinen Atem und deine Mitte.

Stell dir in deiner Mitte den strahlenden Seelenstern vor.

Werde eins mit ihm … sei dieser Stern, leicht und freudvoll.

So kannst du nun, wenn du es einige Male geübt hast,

dein *Wahres Ich* spüren und auch mich, wenn du willst.

Bleib kurz in dieser Stille, sie schenkt dir Geborgenheit.

Danke nun und finde dich wieder im Hier und Heute ein.

Geh voller Mut und Vertrauen in deinem Leben weiter.

Diese kleine Übung wird dir, je öfter du sie anwendest, helfen, dich selbst zu fühlen und zu erkennen, dass *in* dir das Wichtigste ruht, dass du das aber nur in der Stille ergründen kannst. *Du wirst deinen kostbarsten Schatz finden.*

Wenn du das Gefühl hast, dass es dir leicht gelingt, dich in die Stille zu begeben, so kannst du die Übung erweitern, wie ich es dir am Ende des Buches beschreibe.

Übe das *In-sich-gehen*, denn das ist nötig, willst du dich finden, dein *Wahres Ich* wahrnehmen und hören. Ist es nicht einen Versuch wert, um dann Unvorstellbares an Glück und Freude zu erhalten? Mit Geduld, Vertrauen, Glauben und Liebe zu dir selbst, weil du dir Zeit und Raum schenkst, wird dir *solches* widerfahren. Selbst wenn du zu solcher Hinwendung zu dir *noch nicht* bereit bist, wird *dich der Himmel lieben und schützen.* Wenn du es aber mit deinem freien Willen ablehnst, weil du nicht daran glaubst, kann manch Segensreiches dich nur schwerlich finden. Dein Wille bestimmt auch darüber.

Denkst du, dass es dies oder jenes für dich nicht gibt, wird es für dich genauso sein, obwohl vielleicht schon lange ganz Wundervolles auf dich wartet. Du verhinderst es, weil es dein freier Wille ist. Das solltest du ab sofort bedenken, wenn du dich bei deinem Leben beschwerst, dass es so traurig, schlecht, unglücklich, voller Mängel und Ärgernisse ist. Frage dich, was du die letzte Zeit darüber gedacht hast. Du wirst staunen.

Denn hier in den himmlischen Ebenen schwingt die göttliche Prophezeiung durch alles Licht und alle Weltenzeiten. Dein Wunsch, geliebtes Kind des Himmels, soll allzeit deine Wahrheit und Wirklichkeit sein. Dein Himmel soll sein auf Erden wie hier bei uns.

Wir Engel lieben dich immer. Und ich im Besonderen.

Dein Aannathas

Die Erde ruft dich

So wie der Himmel dich liebt, so liebt dich auch die Erde und ruft dich laut in dieser besonderen Zeit der Wandlungen. Sie ist deine *irdische Mutter*, denn sie hat dir den Körper geschenkt, ohne den du dich nicht in deiner Ganzheit erfahren kannst. Einst warst du aus eigener Ermächtigung bereit, die Ur-Quelle allen Lichts und aller Liebe zu verlassen. Du wolltest deine dir *eigene Macht* entfalten, sie sichtbar erproben. In deiner Heimat, dem *Ewigen Licht*, bist du vor Liebe so transzendent, dass es nicht möglich ist, ein Gegenüber zu erfahren, *denn du bist eins mit ihm im Licht.*

Um wahrhaft zu erfahren, benötigst du ein *sichtbares Gegenüber*, das dein *Spiegel* sein kann, in dem du dich wahrnehmen und korrigieren kannst. Solch einer oder mehrere Spiegel sind immer andere verkörperte Seelen, also Menschen, Situationen und Lebensumstände. Sie finden sich auf Erden. Denn allein hier ist die *Energiedichte* so stark, dass alle *Gedanken sich so verfestigen*, dass sie sichtbar werden, um *Nachhaltigkeit* zu erzeugen. Sie ist es, die euch Menschen hilft, eure Schöpfungen zu fühlen, sie so zu verstehen und ihre Folgen zu erkennen, weil ihr sie selbst an euren Körpern spürt.

Also hast du einst beschlossen, auf Erden zu inkarnieren. Erst hast du Gott-Vater-Mutter-Kosmischem-Geist, der Quelle aller Liebe und allen Lichts, dafür gedankt, dass er dir dieses Geschenk durch eine Geburt manifestierte. Dann hast du den Planeten *Terra Gaia, die fruchtbare Erde,* gebeten, dir einen physischen Körper zu schenken. Alsdann bist du in deiner *Seelenfamilie* mit anderen Seelensternen einen *Verbund* eingegangen, um das *Spiel auf Erden* auch sinnvoll, lehrreich, heilbringend und segensreich für alle werden zu lassen. Land, Zeit und Umstände waren das Nächste, was du dann bedachtest. Und dann war es endlich soweit. Du wurdest als Mensch auf Erden geboren.

Wie es dann weiterging, brauche ich dir ja nicht zu erzählen. Doch was ich dir unbedingt sagen will, ist, dass du *niemals im Zorn zurücksehen solltest*. Sonst würdest du alles zunichte machen, zumindest einen Teil davon, was du schon erreicht hast. Wäre das nicht schade? Du fängst dann nämlich wieder von vorn an, dein Durcheinander zu ordnen. In Gedanken, in deinen Emotionen und Gefühlen, in deinem Leben. Geh auch davon aus, dass es im Leben, wie du sehen kannst, immer viele Rollen gibt, die eine Seele innehat, die sie selbst wählt, um zu verstehen. So laufen viele selbstgewählte Programme im Leben ab, spielen die Seelen alle nur erdenklichen Rollen in ihren wiederholten Leben durch, um alle für sie wichtigen Erfahrungen machen zu können.

Dabei bist du sowohl Lernender wie auch Lehrender. Du bist also in einem Leben immer Schüler, aber auch Lehrer. Ist das nicht sehr erfreulich für dich?

Bedenke bitte auch, dass alles, was je in deinem Leben war oder was du jetzt siehst und was bei dir ist, deine Schöpfungen sind. „Aber mein schwieriger Chef", wirst du jetzt vielleicht aufgebracht sagen, „der bestimmt nicht, und meine unmögliche Schwiegermutter auch nicht. Der Partner, der mich so böse betrogen und verlassen hat, sicherlich auch nicht. Ach, und dass ich jetzt mein Vermögen verloren habe, und die Krankheit, die mich ereilt hat, all das soll ich mir erschaffen haben? Nein! Niemals! *Ich bin doch nicht verrückt!"*

Geliebter Seelenstern, geliebter Bruder und geliebte Schwester des Lichts, die ihr mir dies immer seid, ich *muss* euch widersprechen. Mit aller mir von Gott verliehenen Kraft, das ist nun mal meine Aufgabe. Seid ihr vielleicht auch deshalb so schlecht auf mich zu sprechen? Ja, ja und nochmals ja! Alles hast du dir selbst erschaffen. Hast es nur für den *Verstand unbewusst* und energetisch in dein

Leben gezogen. Verstehe bitte, dass alles, was du je gedacht, gefühlt und getan hast, immer *Leben überlagernd* in deiner Aura, deinem Informationsfeld, energetisch gespeichert ist und bleibt und dass Gleiches so lange Gleiches anzieht, bis es aufgearbeitet und damit gelöscht ist.

Jeder Seelenauftrag heißt, sich ins Licht zu erheben. Das geschieht nur, löst du allmählich alles Dunkle und Unbewusste auf, das noch in deiner Aura ist. Ist es aber noch dort, wirst du es nach und nach in dein Leben ziehen, damit es spürbar, greifbar und sichtbar wird und damit du es dann auflösen kannst. Das passiert, indem du eine energetisch gleiche oder ähnliche Situation noch einmal erlebst, du dich dieses Mal aber an deine ganz eigene Herzenswahrheit erinnerst und allein aus dieser handelst, was Auflösung und Heilung bringen kann.

Deine Wahrheit heißt Licht und Liebe, Mitgefühl, Verständnis und Verantwortung für Alles-Was-Ist. Erinnere dich: Nur in dieser lichtvollen Energie *willst* du eigentlich handeln. Wäre da nicht dein kleines, unbewusstes Ego, das vielleicht Ungeduld, Unverantwortlichkeit, Gier, Neid, Wut, Angst, Achtlosigkeit oder Selbstsucht heißt, ohne Rücksicht auf andere, ohne das Wohl des Ganzen zu bedenken.

Um das alles zu erkennen, bist du jetzt auf der Erde. Dafür hat Mutter Erde dir einen Körper geschenkt, durch den du fühlst, spürst und *den du ehren sollst*. Und ihr sollst du *danken* für all die Schönheit, Nahrung und Herberge, die sie dir gewährt. Denkst du daran, wenn du durch dein Leben rennst? Denn das ist es, was du und alle anderen meistens tun und darüber Wichtigstes vergessen. Sonst könnte es sein, dass Mutter Erde dich auch einmal vergisst.

Erinnere dich bitte, was ich dir anfangs sagte, dass es nämlich wehtut, immer nur zu geben und niemals Dank und Liebe dafür zu bekommen. Auch die Erde ist ein Lichtwesen wie du. Lässt du dich denn gerne immer wieder verletzen, ohne dich zu wehren? Fühle da hinein.

Sieh die Blumen blühen und wie sie ihre Blüten schließen, wenn es stürmt. Glaubst du wirklich, dass sie nicht fühlen und nicht verstehen?

Ich weiß, wenn du dir Zeit dafür nimmst, wirst du sehr wohl verstehen.

Geliebtes Kind des Lichts, lebe deshalb immer *bewusster im Jetzt*. Geh mit immer mehr Achtsamkeit und Geduld durch dein Leben. Es wird dir sehr zum Glück gereichen. Und liebe deine Vergangenheit, egal, als wie schwer, traurig oder ungerecht du sie empfindest. Sonst kannst du sie niemals hinter dir lassen und sie erlösen. Sie wird durch den Gedanken allein an dich gebunden. Sollten diese Gedanken dann auch noch dunkel, voller Trauer und Angst sein, so bleibt genau diese schwere Gedanken-Energie bei und in dir: in deiner Aura, in deinem Lichtkörper. Sie wird fortan weiter wirken, Gleiches anziehen und beschwerlich und hinderlich für dich sein.

Wie du weißt, bedeutet *Licht, also positive Gedanken,* Freude, Leichtigkeit und bewirkt Glück und Entfaltung. *Dunkelheit* bewirkt das Gegenteil, nämlich Behinderung, Schwierigkeiten, Schwere, Trauer und Unglück jeglicher Art. Willst du also dein Leben auf Erden gut in den Griff bekommen, solltest du vor allem darauf achten, *es bewusst zu lenken*. Denn sonst lenkt es dich, und was das bedeutet, kannst du vielleicht bei dir und anderen Menschen in deinem Umfeld erkennen.

Beginne also jetzt gleich, falls es für dich ein Thema ist, die Vergangenheit zu versöhnen, weil du ihr liebevoll begegnest, und *liebe* sie, damit du sie erlösen kannst.

Das geschieht, indem du dir alles verzeihst, was war, weil du verstehst, dass es vor allem dir diente und du deshalb sogar die Kraft aufbringst, dafür zu danken.

Als nächstes liebe immer deine Gegenwart mit aller Kraft, die du aufbringen kannst; ganz gleich, was gerade in deinem Leben passiert, damit du das *Jetzt* in neuem, positivem Licht sehen kannst. Alles wird damit für dich leichter und erfreulicher werden. Du weißt nun schon, dass es dir dient. *Bitte habe Geduld mit dir.*

So wirst du eine Zukunft voller Zufriedenheit, Gesundheit, Fülle, Sicherheit und Frieden für dich gewinnen. Bedenke dabei: Handelst du so wie vorgegeben, *wird die Zukunft erfolgreich für sich selbst sorgen; und so für dich.* Ist das nicht wundervoll?

Ich sage dir, so zu handeln, ist wahrlich voller *Wunder* für dich und für Mutter Erde. Denn du wirst so dein Glück und deine Zufriedenheit ausstrahlen auf unseren Planeten und sogar noch weiter in den Kosmos.

Dein Leitsatz dazu könnte heißen: *Alles, was ich brauche in meinem Leben, ist in Leichtigkeit und Harmonie bei mir, zu jeder Zeit. Ich danke aus tiefstem Herzen und empfange freudvoll die göttliche Fülle. Danke.*

Sprich, wenn du willst, diesen Satz, so oft du kannst, leise oder auch laut aus. Wenn du willst, kannst du auch genau benennen, was du gerade willst. *Setze es aber stets in die Ist-Form.*

Du weißt ja, dass Gott sich weder auf Raum noch auf Zeit beschränkt. *Alles ist immer an jedem Ort.* Dann geh voller Vertrauen und Glauben deines Weges und erwarte deine Wunder. Ich verspreche dir, sie werden geschehen.

Die Natur, unsere Mutter Erde, wird dir dabei helfen. Solltest du einmal traurig oder mutlos sein, sieh hinaus in deine schöne Welt. Danke Mutter Erde für diese Schönheit. Vielleicht musst du erst wieder lernen, diese immerwährende Schönheit zu sehen und mit allen deinen Sinnen zu spüren.

Folge mit deinen Augen dem Flug einer kleinen Biene, wie sie voller Vertrauen dem Duft folgt und immer fündig wird. Selbst wenn es regnet, kann es dir Harmonie und tiefe Ruhe vermitteln. Lausche dem Gleichklang des Regens, wie er mit seiner reinigenden Kraft alles Leben erneuert. Spüre mit jeder Faser deines Seins den tosenden Sturm, wie er die Luft und den Himmel klärt. Gib dich hinein in den Ton des Donners, spüre seine unbändige Kraft, verbinde dich mit ihr, denn du bist ein Teil dieser universellen, elementaren Macht, denn sie ruht auch in dir. *Mach es dir bewusst.* Verstehe, was du Gutes und Sinnvolles mit solcher Macht und Kraft in deinem Leben bewerkstelligen kannst, wenn du nur willst.

Ich sagte dir schon, *ich kann nicht* ist gleichbedeutend mit *ich will nicht*. Möchtest du Hilfe dabei, rufe mich oder Mutter Erde an: Wir werden dir einen Weg zeigen. Geduld, Stille und Vertrauen werden dich ihn dann sehen lassen.

Die Natur ist der euch von Gott geschenkte wichtigste Lehrmeister, also Mutter Erde, denn sie lebt durch und in den Elementen. Und sie umgibt stets jeden Menschen, sodass er, ist er bereit, wahrzunehmen und zu verstehen, erfahren und wiederfinden kann, was *wahres Leben* ausmacht.

Wenn du durch dein Leben gehst, eile nicht, sondern wandle. Mutter Erde und die Natur geben dir täglich Beispiele vom Sinn allen Seins. Dabei spielt Zeit keine Rolle, denn immer wird alles zur rechten Zeit geschehen. Vertraue darauf. Denn Zeit spielte noch *nie* eine Rolle in der Evolution, der ewigen Bewegung des Universums, so lass auch du dich nicht von ihr treiben und drängen. Versuche gerade jetzt in der großen *Zeit des Wandels*, in der sich alles beschleunigt, weil ein Zeitalter endete – *so wie du es kennst* –, Stille in dein Leben zu bringen. Schenke dir Raum zum Träumen, so bist du ein wahrer Schöpfer. *Denn in der Stille liegt die wahre Kraft.* Und nur in ihr kann alles in Wahrhaftigkeit geschehen.

Die Natur, wie die Berge und die Steine, zeigen dir, wie das geht. *Sie sind ganz einfach.* Durch ihre Schönheit, ihre Strahl- und Heilkraft und ihre imposante Mächtigkeit sprechen sie von der Unendlichkeit Gottes ein klares und eindeutiges Wort. *Sei!* ist ihre Botschaft. Sei stark, kraftvoll und voll des Mutes. Stehe zu dir und deinem Willen wie ein Berg. Unverrückbar. Du könntest Heilsteine am Körper tragen, die du für dich fühlst. Sie haben universelles Licht, größte Heilkraft und unendliche Liebe in sich.

Sieh hinauf zu den monumentalen und schneebedeckten Bergriesen, so wirst du verstehen. So mancher, der versuchte, sie zu bezwingen, gab sein Leben dafür. Ich wünsche für ihn, dass er *verstanden* hat.

Bäume, Kräuter und Blumen sind die nächsten *Lehrmeister,* die euch unentwegt ihre Weisheit und Heilkraft darbringen. Unermüdlich wachsen, entfalten und erblühen sie für euch, damit ihr nicht nur Nahrung, sondern auch Weisheit, Heilung und Schönheit erfahren könnt. Denkst du täglich daran, wenn du vor dir ein gutes Essen stehen hast? Dankst du aus tiefem und ehrlichem Herzen dafür, damit es auch morgen so sein möge? Fühle einmal da hinein. Wie würdest du dich fühlen, wenn du immer nur gibst und nicht einmal ein Dankeschön dafür bekommst, nicht einen liebevollen Gedanken dafür, dass du dich ständig wie Mutter Erde gibst?

Bäume, Kräuter und Blumen geben sich gern, denn es ist ihr eigener Wunsch und ihre Bestimmung, so dem Ganzen zu dienen. *Sie sind aber Lebewesen wie du.* Zwar ist ihre Struktur anders aufgebaut, aber sie fühlen und verfügen über eine ganz besondere Intelligenz, die auf ihr spezielles Sein und Schaffen ausgerichtet ist. Sie haben eine Aufgabe übernommen, um dem Ganzen und euch Menschen zu dienen. Es war einst ihr freier Wille, sich so zu erschaffen, im Spiel des Ewigen Seins, und so sind sie alle nicht weniger als du. Sie sind Licht, Liebe und Göttliche Weisheit.

Dein Dank verbindet dich immer wieder aufs Neue in Liebe mit ihnen. Du bestätigst ihnen damit, dass du anerkennst und in Achtung gelten lässt, dass *alles eins ist, gleichwertig und göttlich.* So werden sie deine besten Freunde sein und dir im Speziellen immer *dienstbar.* Sollte es auch noch so dunkel, karg oder elend sein auf Erden, sie werden mit dir sein, sich dir schenken und dir die Fülle erhalten, die dein Leben sichert, weil du sie ehrst, liebst und achtest. Denke darüber nach. Fühle darüber nach. *Ich Bin* dabei in Liebe mit dir. Es wird dir große Freude, Wohlgefühl und Sicherheit bescheren, solltest du in Zukunft so handeln. Danke auch deshalb stets, weil du so die *göttliche Fülle in Gang setzt.* So wirst du immer in deinem Leben haben, was du brauchst.

Bäume, Kräuter und Blumen tragen also die gleiche Weisheit in sich wie du, auch wenn du es dir gerade nicht vorstellen kannst. Hast du einmal die Genialität der Pflanzenwelt beobachtet, wie wundervoll sie erschaffen ist und mit welcher Weisheit sie sich fortpflanzt? Wie sie sich immer wieder neu erschafft und einen Weg findet, wenn sie von euch verdrängt oder zerstört wird? Mit welcher unermüdlichen Hingabe sie immer wieder neu erblüht und bereit ist zu dienen? Wisse, niemand und nichts kann sie je vernichten, denn auch in ihr wohnt Gott. So wie in dir.

Dann sind da auch noch die Tiere, die euch Menschen sehr nahestehen, denn sie verfügen über eine offensichtliche Intelligenz. *Instinkt* nennt ihr das. Alle andere Natur verfügt genauso darüber, nur bei den Tieren fällt es euch eher auf. Auch sie sind auf Erden, um euch zu dienen. Und auch sie vermissen bei euch vor allem Achtung, Verständnis, Mitgefühl und Ehrbarkeit. Gern geben sie ihr Leben, damit anderes Leben sein kann. Ein Tier gibt sich dem Tod hin, ohne aufzurechnen, denn es versteht den ewigen Kreislauf, auch wenn ihr das nicht glaubt. Jedenfalls die meisten von euch. Es gibt sich hin und vertraut dem Tod. Seht ihr manchmal, wie ein Tier ein anderes tötet, empfindet ihr es vielleicht als grausam. Aber ich sage euch, im Moment des Sterbens gibt sich ein Tier vertrauensvoll in die Göttliche Hand, denn es weiß, dass es immer *ist*. Alle Tiere verfügen über eine *übergeordnete Gemeinschaftsseele*, die immer ein großes Lichtwesen ist, ein *Erdenengel*. Er gibt sich mit all seiner von Gott gegebenen Lichtkraft hin, um die unzähligen Tierseelen wie Strahlen einer Sonne erschaffen zu können und um dem Ganzen zu dienen. Für ein Tier ist dieser Prozess immer einfach, weil es aus *tiefster Weisheit vertraut*.

Das aber bedeutet nicht für euch, unwürdige Massenhaltung als normal anzusehen, ebenso das bewusste Töten vieler Tiere, denn ihr zerstört durch Streben nach Geld und Einfluss, durch Unachtsamkeit und Gleichgültigkeit ihre Lebensbereiche. Erkennt, dass die Tiere große Lehrmeister sind und euch viel über das Leben und Überleben lehren können. Und dass sie euch unendlich viel schenken, was euch das Leben angenehm und reich macht. Deshalb sollt ihr bewusster werden und die Tiere lieben und achten.

Und wenn sie sich euch als Nahrung zur Verfügung stellen, *dankt aus tiefstem Herzen dafür*, dass sie sich hingeben. Segnet sie und ehrt so ihren liebevollen Beitrag für das Göttlich-Ganze.

Ansonsten geben sie ihr Leben im *Schmerz* über die Gier, Grausamkeit, Gleichgültig- und Achtlosigkeit und darüber, dass ihr sie als nicht gleichwertig anseht.

All diese schmerzgetränkten Aspekte des Lichts (denn auch ein Tier ist universelle Materie und damit göttliches Licht) nehmt ihr mit dem Fleisch in euch auf und belastet euch damit, denn dieses Leid sammelt sich in euren Lichtkörpern. Letztendlich muss es von euch wieder in positives Licht gewandelt werden und das erschwert eure Lichtentfaltung.

Anfangs sagte ich dir, *Mutter Erde ruft dich.* Sie braucht jetzt und in dieser Zeit der Großen Wandlung auch *deine Kraft.* Sie ist ein Lichtwesen wie du und vollzieht ihre ganz eigene Wandlung. Du bist ein Teil von ihr, so wie du ein Teil Gottes bist. So gib ihr deine Liebe, deinen Dank, deine Aufmerksamkeit und deine Achtung aus wahrem Herzen, so wie es sich für ein dankbares und liebendes Kind gehört.

Geliebtes Kind des Lichts, fühlst du dich manchmal leer, müde, desorientiert oder verwirrt? So stell dich bewusst und möglichst barfuß auf die Erde. Verbinde dich mit ihr und bitte um ihre Gaben wie Kraft, Schutz oder wessen du gerade bedarfst. Harre eine kleine Weile aus, spüre dabei die Kraft und andere Gaben, die von ihr ausgehen, wie sie durch deine Fußsohlen nach oben steigen, dich durchdringen und dir neuen Lebensmut und Orientierung schenken. Danke ihr dann aus tiefstem Herzen und sende deine Liebe in ihr kristallines Herz. Nun wird es dir gleich besser gehen und dein Leben wird wieder leichter fließen. Jetzt in dieser Zeit der großen Transformation solltest du das öfter tun, denn es ist eine ganz wundervolle Kraftquelle für dich.

Danke der Erde deshalb stets für alles, was sie dir schenkt. Danke für den Hort, die Nahrung, für den Körper, für den Schutz, für die Schönheit, die du wahrnimmst, und für die Möglichkeit, die sie dir gibt, dein *Wahres Selbst* zu fühlen. Mache dir das bewusst und danke, so oft es dir *auffällt.* Der Dank wird dir all dieses Wunderbare von Mutter Erde erhalten. Danke ihr also, so oft du kannst.

Denn das, was Mutter Erde dir dafür gibt, ist unbeschreiblich und groß. Sie wird dich immer erkennen und schützen. Sie gibt ihr Leben für dich. Sie liebt dich und wird dich nie vergessen.

Auch ich liebe dich über alle Maßen.

Aannathas

Die Elemente

Wisse, geliebtes Kind des Lichts: *Alles Leben auf Erden ist vom gleichen liebevollen Atem Gottes beseelt.* So sind die vier Elemente Feuer, Erde, Luft und Wasser euch allen zur Hilfe gegeben. Sie wirken sowohl geistig wie auch materiell, und alles Verkörperte wird von ihnen energetisch durchdrungen

Sie werden auf Gottes Wunsch von großen Lichtmeistern, den Cherubim- und Seraphin-Engeln geführt, um den Menschen und dem Göttlich-Ganzen mit all ihrer segnenden Macht zu dienen.

Das 5. Element, der Äther und Atem Gottes, umhüllt und durchwirkt ebenfalls jeden zu jeder Zeit und bedingt, dass eure Lichtkörper schwingen, um das göttliche Opal-Kristall-Licht zu halten, die *Informationsfrequenz.*

Die Elemente dienen mit all ihrer Liebe und Weisheit Gott und *Allem-Was-Ist*, allen seinen Schöpfungen, Welten und Universen. Ihre Aufgaben sind sehr vielfältig, geistig wie auch materiell. Sie dienen den Menschen, auf dass sie ein Wohlgefühl und Wohlbehagen, Schutz und Sicherheit erfahren. Doch wenn *Gott sie ruft*, Dunkles und Verdorbenes zu reinigen und aufzulösen, damit Neues entstehen, wachsen und sich entfalten kann, tun sie auch hier ihre Arbeit.

Das Element Feuer ist euch vor allem gegeben, um euch zu erfreuen durch seinen hellen Schein, der euch eine starke Erinnerung an eure Heimat schenkt, weil es in euch leuchtet: an das, was auch ihr seid: Licht! *Licht ist eure Ur-Essenz.* Wie auch meine. Deshalb solltet ihr, wann immer ihr in Ruhe und Stille die Zeit genießt, ein Licht entzünden. Verbindet euch mit ihm in Liebe und dankt ihm. Ist es nicht wahrlich ein göttliches Wunder, dieses Feuer? Das euch, wenn ihr es ruft, immer zu Diensten ist? Habt ihr einmal darüber nachgedacht? Ihr streicht ein Zündholz an oder betätigt ein mechanisches Feuerzeug, und schon ist dieses Wunder in voller Präsenz bei euch. Es schenkt Licht, Wärme und Wohlgefühl. Es dient euch, so wie ihr es euch wünscht. Es kocht euch auch euer Essen, damit ihr euch gut fühlt. Es heizt mollig warm, wenn es draußen schneit und stürmt. Stellt euch vor, das alles wäre einmal nicht mehr da. Das ist kein gutes Gefühl, nicht wahr? Fühlt einmal da hinein, macht es euch bewusst, dann fällt es euch leicht zu danken.

Das Feuer hat aber auch den göttlichen Auftrag, zu reinigen und zu klären. So brennt das Feuer manchmal an einem Ort alles nieder, wo die Gedanken und Handlungen der Menschen so gleichgültig, gefühllos und erhitzt sind, dass Mutter Erde stark leidet. Sie bittet um Reinigung und das Feuer kommt ihr zu Hilfe. Dabei entzündet es sich durch seine eigenen Kräfte. Bedenkt bitte bei solchem Geschehen immer die karmischen Zusammenhänge, die erstarrten Muster und die Zeit, die der Reinigung und Lösung bedürfen.

Das Element Erde schenkt euch zu jeder Zeit nicht nur eine Heimat, sodass ihr einen Wohn-Raum habt, wo ihr leben könnt. Wo ihr geschützt seid. Wo ihr Freude habt. Denkt an die Vielfalt des Lebens auf Erden, die ihr täglich mit euren Augen seht. Die wunderschönen Bäume, Kräuter, Blumen, Tiere und vieles mehr. Die Weiten der Natur und alles, was sich in ihr tummelt, und wie dieses Element ein glückvolles *Leben* ermöglicht. Vor allem aber all die gute Nahrung, der das Element Erde Wachstum beschert. Erde vermittelt euch aber vor allem Kraft.

Eure erste körperliche Erinnerung entfaltet das geistige Element Erde in eurem Wurzel-Chakra: *die Kraft zu leben.* Zu erwachen aus dem himmlischen Schlaf, um die Weisheit, die Liebe, die Genialität und das Licht der Ur-Quelle zu bestätigen. Sie zu ehren, zu achten und zu erkennen, in dem ihr sie auf Erden manifestiert. Immer und immer wieder.

Doch das Element Erde gerät auch ins *Beben,* wenn Menschen verhärtet, engherzig und achtlos geworden sind und dadurch die Erde tief verletzen, sodass ihre Schmerzen alles erschüttern.

Das Element Wasser zeigt euch auf, wie ihr sein sollt auf euren vielfältigen Pfaden der Erkenntnis auf Erden. So wie ein ewiger Fluss sollt ihr fließen: bedacht, ruhig, manchmal still, geduldig und ausgleichend, aber alles benetzend, weil ihr es in Mitgefühl und Güte gelten lasst und so achtet auf euren Wegen. Aber oftmals auch stark, auf weise Art Hindernisse überwindend und friedvoll bewältigend, immer vorwärts strömend, darauf vertrauend, dass sich euch *immer der richtige Weg öffnen wird*, weil ihr es wisst.

Das alles liegt tief in euch, dieses Seelenwissen, dass ihr immer zum *richtigen Zeitpunkt am richtigen Ort* sein werdet und dass dies alles ohne Hast und Druck geschehen kann und wird, so ihr Geduld aufbringt. Dass Hektik, Unruhe und Stress eure schlechtesten Berater sind und immer bleiben werden. Dass *jeder Zweifel* eure Bestimmung untergräbt. Die Bestimmung, die tief in euch liegt, die sich euch immer eröffnen wird, vertraut ihr fest auf sie und glaubt ihr unerschütterlich.

Eure Gefühle und Emotionen sind dabei eure Botschafter. Könnt ihr sie nicht fühlen oder hören, dann ist es an der Zeit, euch mit dem Element Wasser zu beschäftigen. Nehmt euch eine CD mit den heilenden Klängen des Wassers, hört sie in Stille oder setzt euch an eine kleine Quelle und hört ihr liebevolles Murmeln. Versteht, was sie euch sagen will. Lernt ihre Worte, die heilvollen Botschaften des Wassers, die zu euch schwingen. Sie sprechen von Geduld mit euch selbst, von Hingabe an euer *Wahres Ich,* um so zu lernen, eure *Innere Stimme,* eure *Intention* zu hören, und von Achtung und Liebe, die ihr euch selbst schenkt – und damit dem Gott in euch.

Jede Seele ist ein Teil von ihm und trägt einen göttlichen Auftrag im Herzen. So sollt ihr euch Raum in der Stille geben, in der ihr eure Hände auf euren Bauch legt, tief und ruhig atmet und dieses kraftvolle Gefühlszentrum, *euren Seelenstern,* in euch spürt. Übt so lange, bis es gelingt. Geht, so oft ihr könnt, in die *Leichtigkeit des Seins.* Lasst den Alltag los, geht einem Hobby nach, habt Freude und Spaß, lacht, entspannt euch und meditiert. So wird euer Leben nicht mehr Mühsal und Angst, sondern Freude und Gelingen sein.

Der göttlich-universelle Auftrag des Wassers für *Alles-Was-Ist* bewirkt aber auch manche Überschwemmung auf Erden. So schwemmt das Wasser immer wieder alle dunklen Emotionen, dumpfen Gefühle, Unrat und Angst der Menschen fort, sodass Mutter Erde wieder geklärt ist und neu erblühen kann.

Das Element Luft ist die Kraft des Geistes. So hilft euch dieses Element, die Kräfte des Geistes wahrzunehmen und sie im Sinne des Ganzen und zum Wohle aller, in erster Instanz aber für euch selbst, zu nutzen. Das Element Luft gibt jedem die Möglichkeit, sich zu erheben auf den Flügeln seines Geistes. Das beginnt in und durch eure Gedanken, wie ihr wisst. Lernt ihr sie in Leichtigkeit zu *lenken,* ganz gleich, in welcher Situation ihr euch gerade befindet, so werdet ihr immer wieder auf den Pfad des Lichts und damit der Lösung geführt. Nehmt ihr nun noch Vertrauen hinzu, bedeutet das, umgesetzt in euer Leben, dass sich jede auch noch so dunkle und schwierige Situation alsbald *entwirren* und zum Guten entwickeln wird. Es ist immer an euch, wie ihr eure Gedanken kraft eures Geistes und eures freien Willens anwendet. Versucht es öfter. Und ihr werdet über eure Ergebnisse nicht nur staunen, sondern vor allem überglücklich sein.

Das Element Luft, das den Sturm entfacht, wenn Gott es ruft, bläst alle schweren, leidvollen Gedanken hinaus ins All, wo sie Engel des rosé-goldenen Kristall-Strahls transformieren. Denn diese Gedanken hüllen sonst Mutter Erde so stark ein, dass sie keine Luft zum Atmen mehr hat. Ich sagte dir schon, dass auch Mutter Erde ein Lebewesen ist. Würdest du sie vom All aus beobachten, könntest du sie atmen sehen.

Der himmlische Äther, den ihr auch das 5. Element nennt und der euch zu aller Zeit umgibt und durchdringt, ist die unendliche, universelle Kraft, der Schutz, die Weisheit, das Licht und die Liebe Gottes, die jeden Seelenstern und Alles-Was-Ist stets begleitet und ihn einst wieder heimführt. Es ist aber auch das Element der kosmischen Fülle, das ihr durch die Kraft eurer Gedanken in Materie formen könnt, wann immer ihr wollt.

Nun habe ich euch die *heilenden Aspekte* und das klärende Wirken der Göttlichen Elemente nähergebracht. Sicherlich versteht ihr nun, wie wichtig sie für den Planeten Erde, den Kosmos und für euch sind – denn sie sind ein wichtiger Aspekt des göttlichen All-Eins-Seins. Deshalb ist es unerlässlich, dass ihr Menschen euch mit ihren Licht-Aspekten beschäftigt. Denn so dienen sie euch nachhaltiger und vielleicht dem Einzelnen präziser. Leider wird die Genialität und Weisheit der Elemente oftmals von euch unterschätzt. Sie werden vor allem sinnlos ausgebeutet und verschwendet – ohne Gefühl und höhere Weisheit durch euch Menschen. Würdet ihr mit mehr Herzensgüte, Weisheit und Geduld mit den Elementen umgehen, so könntet ihr sie unendlich nutzen, ohne sie zu zerstören. Doch, meine geliebten Kinder Gottes, *es ist an euch, künftig zu verstehen.*

Missbraucht ein Mensch, in welcher Form auch immer, die Elemente, werden sie sich gegen ihn wenden. Denn das göttliche Gesetz von Ursache und Wirkung tritt dann unweigerlich in Aktion. Das ist ein Akt der göttlichen Weisheit, wodurch der ewige Ausgleich geschaffen und gehalten wird.

Erkennt bitte, dass es weise ist, das Element Erde, das Feuer, das Wasser, die Luft und den Göttlichen Äther zu ehren, zu achten, zu lieben und ihnen *euren Respekt durch euren Dank* zu zollen. Denn die Elemente sind Lebewesen: Lichtwesen wie ihr. Sie fühlen und verstehen. Sie haben ein ganz eigenes Werden und hüten und beschenken *die* mit der Fülle ihrer göttlichen Gaben, die ihnen ihre Achtung und Liebe entgegenbringen. Die indigenen Völker, die die Kolonialisierung und die Industrialisierung auf der Erde überlebt, und viele von euch, die sich in Bewusstheit dem Licht geöffnet haben, wissen das sehr wohl. Sie feiern noch heute die entsprechenden Feste und ehren damit die Elemente. Das wünschen *wir Engel allen Menschen wieder:* dass ihr euch bewusst und in Dank mit den Göttlichen Elementen verbindet, damit euch zu aller Zeit ihre Fülle und ihr Segen erhalten bleiben.

Denn wir lieben euch.

Aannathas Lichtträger und alle Engel

Der Sinn des Lebens

Seit Seelensterne beschlossen haben, auf Erden zu weilen, stieg eine Frage immer wieder aus ihrem Verstand empor und schwingt endlos durch den ewigen Kosmos. *Warum lebe ich?* Dazu will ich dir sagen: *Weil es dein Wunsch ist.*

Dein größter, sehnlichster Wunsch, dich selbst zu bestätigen und noch intensiver zu fühlen, zu verstehen, zu achten und somit Gott zu ehren und zu lieben. Du bist geboren aus dem *Einen-Schöpfer-Gott-der-Liebe*, bist somit selbst ein Schöpfer und wirst immer *Erschaffer deiner Wirklichkeiten* sein. Du bist zu aller Zeit ein Ausdruck der göttlichen Kreativität, reine Liebe, strahlendes Licht und kristallklarer Geist. Und so ist dein Körper, auch deine Lichtkörper, immer ein hochsensibles, kreatives Energiefeld, in und mit dem du dein *Sein* zu deiner und Gottes Freude und Wohl arrangieren kannst. Ich sage bewusst *kannst,* denn *du* entscheidest, wie du weißt.

Hast du erst einmal wieder erkannt, dass der *Geist der Urgrund aller Materie* ist und dein erwachtes Bewusstsein – durch die Kraft deiner Gedanken – Materie erschaffen, formen und lenken kann, so hast du deine alte Meisterschaft wieder angenommen.

Du weißt dann, dass sich Raum in dem Maße dehnt, wie sich dein Bewusstsein ausdehnt, und du wirst so unabänderlich zum Schöpfer deiner Wirklichkeit.

Wie du nun ja schon weißt, ist Gott Alles-Was-Ist und Sein bedeutet Bewegung. Alles folgt der Bewegung und ist Bewegung in einem endlosen Kreis, der ohne Anfang und ohne Ende ist. Denn es gibt keinen endlichen Tod, nur eine unendliche Wandlung in andere Dimensionen des Lichts. Im Stirb-und-Werde liegt die einzige Bestimmung von Allem-Was-Ist und somit auch Vollendung und Vollkommenheit.

Überlege und fühle, was das im Einzelnen für dich und deine Welt bedeutet.

Dabei halte ich dich an, *ehrlich* zu dir selbst zu sein, *mit dir und allem*, was um dich herum ist und geschieht. Ehrlichkeit bedeutet für dich, mit den Augen des Herzens zu sehen und *wahr-zu-nehmen*, im Sinne des Wortes *wahr*. So wirst du dahin gelangen zu verstehen, was ich dir sagen will.

Wahrheit im Zusammenhang mit dem Leben oder dem Lebenssinn bedeutet in jedem Fall, hinter die Dinge zu schauen. Sie nicht nur vordergründig und verstandesmäßig schnell zu sehen, sondern sie in ihrer Tiefe zu erfassen und mit der Herzensweisheit zu verstehen, zu tolerieren und zu achten. Tust du das, weil du bereit bist, das *Große Geheimnis* des Lebens zu ergründen, wirst du feststellen, dass grundsätzlich jegliches *universelle Göttliche Sein ohne Streben* gedacht ist. Und es so auch immer nur sein kann und in letzter Konsequenz auch ist.

Um das zu verstehen, schaue kurz zurück in die vermeintlich glorreiche Vergangenheit großer, machtvoller Kulturen auf Erden, von Menschen erschaffen und heute längst vergessen. Was ist geblieben von all dem Ruhm, der Macht und dem Stolz so mancher gekrönten Hauptes? Vielleicht ein paar Steine, die übereinandergeschichtet einst seine Macht spiegelten. Einige Bilder, Schriften, Statuen und vielleicht einige Reliquien, die wohl so manchem das einzige Glück bedeuteten. Alles insgesamt aber war irgendwann dem Verfall anheimgegeben. So wie alle Spuren ihres Lebensabschnittes, die diese Kulturen im Sand der Geschichte hinterließen. Dennoch haben sie ihr Leben oftmals gegeben für ihr *Begehren* und haben dafür gekämpft, getötet, betrogen, verleugnet, geraubt und gestohlen. Sie haben sich dem Wissen der Seele und der Weisheit des Herzens meist verschlossen. So haben sie *Karma* erzeugt. *Karma* aber bedeutet Handlung.

Geliebtes Kind Gottes, erkenne hierdurch, dass jede Handlung – energetisch – immer eine andere Handlung nach sich zieht. Das ist das *Gesetz von Aktion und Reaktion*. Du agierst und das Umfeld

158

reagiert. Das kann aber auch *zeitverzögert* geschehen, sogar *über vie-le Leben hinweg.* Niemals geht Energie auf der Erde oder im Kosmos *verloren,* sie kann lediglich umgewandelt werden.

Weil Gott immer nur Liebe und Licht ist, zieht er weder zur Re-chenschaft noch straft er je eines seiner Kinder. Er erhofft aber Eigenver-antwortung von ihnen.

Die göttliche Weisheit schwingt immer im Ausgleich, so wissen die Seelensterne in ihrem Innersten, ihrem Höheren Selbst, dass al-les, was sie jemals aussandten und taten, nur in gleicher oder ähnli-cher Energie erbracht und erlöst werden kann. Und so geschieht dieser Ausgleich zu allen Zeiten auf der Erde aus freiem Willen.

Bedenke bitte, der Verstand will das nie gelten lassen. Die Seele aber weiß es.

Es war auch einst dein Weg – ist es heute immer noch – *der Weg des Ausgleichs und des Gleichklangs,* dem du durch viele Weltenzeiten und Inkarnationen gefolgt bist, um nun hier und heute wieder in einer ähnlichen Situation zu stehen. *Diesmal aber könntest du ehrlich zu dir sein.* Nimm dir die nötige Zeit und Ruhe, um darüber nach-zusinnen. Was bedeutet es, dass nichts Wahrhaftiges geblieben ist von all dem Ringen und den Schmerzen, was gelebt wurde und viel-leicht auch von dir? Was hat die Menschheit daraus gelernt? Was hast du daraus gemacht? Hat sie überhaupt etwas daraus gelernt? Wenn du dich umsiehst, wirst du wohl erkennen – wenn du ehrlich bist –, *dass es verschwindend gering ist, was an Geistigem, an Verste-hen, Mitgefühl und Weisheit errungen wurde auf Erden* in all den Kriegen und all dem Leid. Stimmt dich das nicht auch nachdenk-lich?

Gib diesen Gedanken Raum, dann wird es dir leichter fallen, deine Ehrlichkeit – eingebunden in Licht und Liebe – bei allem, was du denkst, fühlst und tust, einzusetzen. Glaubst du immer noch, dass essen, trinken, schlafen, Sexualität, Arbeit, Anhäufen von irdischen Gütern und Vergnügungen *alles ist*, was du und jeder an-dere Mensch auf Erden *tun will?* Dass das allein dein Ziel ist oder je sein kann?

Ich verstehe dich, deine Welt, die eine von Menschen erschaffene Welt der Illusionen ist, ist sicherlich verlockend. Sie war es immer, zu jeder Zeit, und sie verführt so leicht.

Wenn du jetzt ganz ehrlich zu dir selbst bist, spürst du sehr tief in dir, dass da noch etwas anderes ist, was gefühlt, gehört und gelebt werden will: *Und das ist die Vision deiner Seele. Das ist der Kern deines Wahren Ichs, der sich immer wieder in Erinnerung bringen wird.*

Nämlich der einzige Wunsch und Auftrag, den du dir einst selbst *zu erfüllen, vorgegeben* hast. Alles andere ist *ein Teil* davon, mehr oder weniger unterhaltsames Beiwerk und absolut *nicht* verdammenswert oder schlecht. Doch niemals sollte dieses andere das Wichtigste werden. Denn dann hat ein Mensch seinen Lebenssinn aus den Augen verloren und das bereitet ihm Schmerzen. Auch wenn er diese Schmerzen nicht erleiden will, was ich verstehe. Aber keiner, weder du noch ein anderer Mensch, wird dem entgehen. Denn es ist nichts anderes als das *Aufwecken und Erinnern* deines *Wahren Ichs* an das, weshalb du und alle anderen hier auf Erden seid.

Viele von euch zweifeln an der Liebe und der Gerechtigkeit Gottes. Seht ihr nur mit den Augen des Verstandes und der Materie hin, so muss ich euch recht geben. Um aber das *ganze Geniale* zu verstehen und zu erkennen, genügt es nicht, nur flüchtig zu allem Geschehen hinzusehen und schnell und unbedacht zu urteilen. Es verlangt von euch, eurer *Seelenweisheit* durch Stille Raum zu geben, um in Klarheit *zu erkennen. Zu erkennen, dass alle gleich sind,* mit den gleichen genialen Voraussetzungen, geistigen Kräften und göttlichen Wahrheiten ausgestattet, und dass es allein am Individuum liegt, sie friedvoll zu nutzen. Verstehst du, welche fantastischen Möglichkeiten dieser Umstand für jeden seit Anbeginn der Zeit parat hält? Hättet ihr das eher verstanden, wüsstet ihr, dass alle Kriege, Neid, Gier, Hass und Elend umsonst gewesen sind. Seid ihr alle doch geniale göttliche Schöpferwesen und das Universum voller Fülle und Freude, wartend auf eure Schöpfermächte!

Das größte Geschenk, das euch Gott-Vater-Mutter gab, der Ur-Quell allen Lichts, ist der freie Wille. Er ermöglicht euch, euer Leben zu lenken und dabei frei zu sein. Das kann aber nur geschehen, wenn ihr erkennt, dass es die Gedanken sind, die ihr lenken müsst. Hier ist eure zentrale Schaltstelle, an der alles beginnt. Denn alles hat dort einst begonnen, auch wenn es euch jetzt gerade nicht bewusst ist.

In all euren Leben geschah letztendlich immer nur das, was ihr gedacht habt. Um zu verstehen, müsst ihr aber das ganze Sein - *also alle Zeit eures Seins* - sehen und gelten lassen, nur so werdet ihr es erfassen. Mit dem Ganzen meine ich alle Geschehnisse und Taten, die jeder von euch in *allen Leben* erbracht hat, nicht nur in diesem jetzigen Leben. So zeigt euch euer *Schicksal* auf, was ihr einst *nicht* in Liebe erschaffen und gelebt habt, und das will jetzt von euch in Liebe wieder gutgemacht, wieder ins Licht gebracht werden. Dazu zählt auch geistiges Bewusstsein, das nicht gelebt und angenommen wurde. Deshalb seid ihr jetzt hier.

Versteht bitte, es gibt keine Ungerechtigkeit vor und von Gott, selbst dann nicht, wenn es euch unvorstellbar vorkommt. Zum Beispiel eine Behinderung oder eine schwere angeborene Krankheit. Denkt darüber nach, was ich euch dazu gesagt habe. Immer wart ihr die Schöpfer der Umstände in euren Leben. Doch um zu verstehen, müsst ihr das Ganze sehen. Nur ein Ausschnitt davon, also nur euer jetziges Leben, macht euch sonst zu Opfern, was ihr niemals wirklich seid.

All das geschah und geschieht seit Anbeginn eures autarken, selbst gewählten Seins als Seelenstern, in eurer geistigen Kraft, den Gedanken. Hier beginnt immer alles. Denn ist ein *Gedanke erst einmal geboren,* und das passiert allein an einem irdischen Tag einige tausend Mal in euren Gehirnen, so bezeugt ihr, wie ihr wisst, eine Energie: die ihr nährt, je öfter ihr den Gedanken wieder aufnehmt und daran denkt. Das geschieht meist unbewusst.

Greift ihr hier dann nicht ein – richtungsändernd oder auflösend –, wenn euch dieser Gedanke *nicht mehr oder überhaupt nicht behagt,* so wird seine Energie immer stärker und er verfestigt sich so stark, dass er sich irgendwann in eurem Außen manifestiert. Das geschieht bei positiven wie auch bei negativen Gedanken. Allerdings manifestieren sich die negativen Gedanken meist schneller als die positiven. *Denn ihr Menschen glaubt seit langer Zeit vor allem an Mangel und Dunkelheit.*

Ihr dürft nicht vergessen, dass ein jeder von euch *unentwegt* Schöpfer ist, und so nahm und nimmt euer Leben seinen Lauf, weil ihr durch euer Denken etwas erschafft. Geboren werden Gedanken aus euren Verstandesideen oder euren Herzintentionen und durch euer Umfeld, durch Situationen oder Menschen, die euch begegnen und mit denen ihr euch vielleicht nur flüchtig oder auch länger beschäftigt.

Es sind Informations- (Licht-) Impulse, die dann euer Gehirn veranlassen, sich dazu etwas zu denken. Das kann lichtvoll, Liebe erschaffend oder lichtlos und damit Schatten erschaffend sein. Aufmerksamkeit, Achtsamkeit und tiefes Fühlen eurer Herzensweisheit sollten hier bereits Einhalt gebieten, klären und in die einzig erfüllende licht- und liebevolle Richtung lenken.

Fließen und entwickeln sich diese Gedanken jedoch *ungefiltert durch eure Herzensweisheit* unentwegt weiter, weil ihr sie durch euren Willen nicht unterbindet oder so lenkt, wie ihr es gerne hättet, werdet ihr zum *Spielball* eurer Gedanken. Euer Leben verselbständigt sich und ihr habt das Gefühl, ihr seid ausgeliefert. Das seid ihr dann wirklich.

Durch das *nicht bewusste Lenken der Gedanken* entsteht eine Abfolge von Geschehnissen, die, wurde hier nicht der eigene Wille verändernd eingebracht, meist *Chaos* verursachen. Stell dir ein Schiff auf dem Meer vor, das nicht mehr von seinem Kapitän gesteuert wird. Es wird von den Wellen des Meeres wie eine Nussschale hin- und hergeworfen und wird vermutlich nie irgendwo ankommen. Eher wird es an einem Felsen zerschellen. Genauso ergeht es vielen Menschen. *Sie sind sich der Schaffenskraft der durch den freien Willen gelenkten Gedanken nicht bewusst.* So werden sie von *denen* gelenkt, die sich *bewusst* sind und ihnen leicht ihren Willen aufzwingen können. Sie werden zu *Sklaven* der anderen, aber eigentlich von sich selbst.

162

Ich bitte dich, erkenne die Tragik dieses Geschehens. Ich habe dich nun ja wiederholt darauf hingewiesen.

Geliebtes Kind des Lichts, verstehst du, was ich meine? Mein Herz ist schwer, sehe ich, wie Menschen sich quälen, weil sie sich ihrer Göttlichen Attribute nicht bewusst sind. Das geschieht nun schon seit Jahrtausenden auf der Erde. Jetzt aber ist eine Zeit angebrochen, in der das *leicht* geändert werden kann. Denn *nie* waren mehr Licht und Liebe auf Erden verfügbar als jetzt in diesen Tagen. Deshalb wird diese Zeit auch die *Zeit der Meisterschaft* genannt.

So versuche nun, ehrlich zu dir in deinem Leben und allem anderen zu sein. Indem du in Liebe alles annimmst, was dich umgibt oder dir begegnet, weil du verstehst, dass es genau das ist, was du auf deinem langen Weg auf Erden gedacht oder eben nicht gedacht hast.

Du hast es folglich so in dein Leben gezogen – erschaffen und manifestiert – und dann, war es noch ungelöst, von einem Leben ins andere transferiert. Willst du daran nun etwas ändern, so handle jetzt ganz bewusst.

Verändere Dinge und Situationen, die dich bedrängen oder sich dir zwingend zeigen, so wie du sie dir *wirklich* wünschst. Nicht, wie andere es dir vorgeben oder sich wünschen. Ist das *nicht* möglich (was ja vorkommen kann), nimm eine neue, in *allumfassender Liebe* schwingende Sichtweise ein, *wozu Verständnis und Mitgefühl gehören*. Tritt dazu zurück in Geduld und Gelassenheit, um ein neues Bild, ein Bild in der Energie des Herzens zu sehen. Das wird dir nun helfen, eine heilende Lösung für alle Beteiligten zu finden. Du kannst auch immer mich oder einen Engel deiner Wahl zur Hilfe anrufen …, wir helfen dir gern.

Werde so zum klaren Lenker und bewussten Schöpfer deines Lebens. So kannst du den Sinn allen Seins erfassen und Heilung erfahren. Habe dabei niemals Angst vor Veränderung, denn ich werde an deiner Seite sein.

Verstehe, geliebtes Kind Gottes, der *Tod* ist bei diesem ewigen Kommen und Gehen letztendlich immer wieder eine Teilbeendigung eines Lern- und Wiederfindungsprozesses. Er dient immer dem Ganzen, vor allem aber auch der einzelnen Seele, und bedeutet deshalb vor allem Freude und Glückseligkeit – für jeden, der diesen Weg gerade geht, auch wenn es die meisten Menschen in ihrer Angst der Unbewusstheit meist *nicht* in dieser *wundervollen Energie* wahrnehmen können.

Du könntest das mit einer Begebenheit aus deinem Alltag vergleichen: Endlich einen Lehrgang, einen Schulabschluss oder Ähnliches *erfolgreich* abschließen zu dürfen und dabei das gute Gefühl von Bestätigung und Erreichen einer bestimmten Vision erlangt zu haben. Nichts anderes ist Leben und Sterben. Sie gehören einfach zusammen. Eines kann ohne das andere nicht sein oder vollkommen werden. Und so *weiß* jede Seele tief in ihrem Innern, dass es immer der *größte Segen* und die *größte Freude* ist, wenn alles auf Erden erledigt ist, was sie sich vorgenommen hat. So also dieses Leben abzuschließen in Freude und Erwartung des Lobes, der göttlichen Annahme, Anteilnahme und Liebe, die beim Sterben geschieht: *denn immer sind Engel in diesem Augenblick in tiefer Liebe und Hingabe bei jedem von euch.*

Es ist nun an dir, darüber nachzusinnen, warum die meisten Menschen in elender Angst und unbeschreiblicher Furcht vor diesem göttlichen, heiligen Prozess des *Ewigen Werdens hin zum Licht* leben. Warum dabei Ohnmacht, Krankheit und Aufgabe des Geistes an ihrem Elendslager stehen? Warum nicht Freude über das Erbrachte auf Erden? Warum nicht Weisheit und Liebe, die die Seele voller Jubel und harmonischer Gelassenheit in Leichtigkeit und strahlendem Licht emporhebt in ihre Heimat und all ihr Sehnen erfüllt, wenn ihre Zeit des Aufbruchs ins Licht gekommen ist?

Es sind die Gleichgültigkeit, Ungeduld, Engherzigkeit und die dunkle Macht der Gier, des ewigen Strebens nach Hab und Gut, nach mehr und mehr, die die Menschheit lange schon davon abhalten innezuhalten. Innezuhalten und in ihrem Innern zu lauschen. *Da, wo alles ist, was eine Seele je wissen muss.* Ergründet es ein Mensch nicht beizeiten, so bleibt es ihm im Augenblick seines Sterbens auch *verborgen.* Die eigene Angst und Trauer werden diese Seele sodann auch in der geistigen Welt begleiten und lange festhalten. So lange, bis sie bereit ist, ein neues Leben in Geduld, Stille, Liebe und Hingabe an die Weisheit des Herzens aus freiem Willen zu erbringen, was allein Erwachen in die Göttliche Wahrheit ermöglicht. Dann erst wird sie verstehen. Dann ist sie angekommen, bei sich, somit bei Gott und seinem Licht und seiner unendlichen Liebe.

Nun aber ist eine Zeit auf Erden angebrochen, die mich veranlasst hat, als *Bote Gottes* zu sprechen. Mit aller mir von Gott übertragenen Macht des Lichts und der Liebe. Denn immer wird alles nur in Liebe getan werden. In bedingungsloser, allumfassender Liebe, Mitgefühl und Achtung gegen jeden und alles. Es ist jetzt unabdingbar die Zeit gekommen, die Wahrheit wiederholt auszusprechen.

Die *Göttliche Wahrheit*, die von Eins-Sein, ewiger Liebe, von Aufnahme, Versöhnung und von Schutz, Sicherheit, Freude, Fülle und Frieden spricht und auch allzeit schenkt. Und die viele Weltenzeiten von vielen Tausenden von Jahren verlorengegangen schien. Verloren und vorenthalten durch das Streben der Menschen nach Macht *über* Alles-Was-Ist, ohne Mitgefühl und Verantwortung. Die Seelensterne auf Erden haben es sich immer wieder selbst auferlegt oder hingenommen: die Angst, vor der vermeintlichen Trennung von Gott, wobei alle Verbindung in Liebe und Vergebung, aller Schutz, alle Sicherheit, alle Fülle, aller Frieden, alle Freude und Schönheit des Lebens *verlorengegangen* schienen.

Taub, stumm, blind und lethargisch, verängstigt und verwirrt, gegen sich selbst und andere, haben die Menschen still gelitten, sich formen lassen von der Dunkelheit und selbst Dunkelheit geformt, ohne zu erwachen.

Jetzt aber ist die Zeit gekommen zu handeln.

Die erste Handlung, die du nun vollziehen solltest, ist, immer und immer wieder laut auszusprechen, sooft du daran denkst, *Ich Bin.* Mit diesen beiden Worten bist du ganz bewusst eingetreten in deinen *Lebens-Werdungs-Prozess.* Du hast damit nämlich bekundet, dass du *eins* bist mit *Allem-Was-Ist*. Dass du bereit bist, dein Leben, so wie es ist, freudvoll anzunehmen und deinen ganz besonderen Weg, deinen *Göttlichen Plan*, zu erfüllen. Zu deinem Wohl und zum Wohle des Ganzen. *Ich Bin* stärkt und festigt des Weiteren deine göttliche Anbindung und hilft dir auf deinem Pfad der Entfaltung, über das, was du in dir trägst, Klarheit zu erlangen: über deine Göttlichkeit, die *Schöpferkraft* heißt.

Geliebtes Kind Gottes, damit du deine Schöpferkraft in ihrer ganzen Präsenz erfassen kannst, verstehe bitte, dass jegliche menschliche Obrigkeit auf Erden für dich immer nur ein ambivalenter Impulsgeber sein kann.

Sicherlich werden durch Obrigkeiten Regeln und Gesetze entsprechend der jeweiligen Kultur vorgegeben, die zum Teil auch nötig sind für ein *geordnetes* Miteinander. Jedoch sollen sie dich niemals davon abhalten, selbst über deine ganz *eigenen Geschicke* und in Verantwortung gegenüber *Allem-Was-Ist* zu bestimmen.

Erkenne dabei, dass du ein mächtiger Strahl des Lichts und der Liebe Gottes bist, somit Gott in jedem Augenblick repräsentierst. Du und jeder andere ist gleichwertig. Er ist *nicht mehr* berufen als jeder andere Mensch, für Gott zu sprechen und zu handeln. So ist es in letzter Konsequenz auch nicht nötig, eine *kirchliche Obrigkeit als Gott näher zu betrachten. Weil sie es niemals ist.*

Gott schickte einst einen seiner Söhne, Jesus Christus, um das zu proklamieren. Und so sprach und verweilte Jesus mit allen Menschen: den Armen wie den Reichen, den Kranken wie den Gesunden, den Gerechten wie den Ungerechten, den vermeintlichen Heiden wie den wahren Gläubigen.

Viele haben diese Göttliche Botschaft Jesu bis heute nicht verstanden. Verstehe, du bist Gott so nah wie jeder andere auch. Du erreichst Gott immer wie jeder andere auch. Du bist Gott so lieb und kostbar wie jeder andere auch. Du bist ein Teil Gottes, deshalb solltest du dich wie jeder andere auch niemals über einen anderen erheben. So sprach auch einst Jesus: Gehet hin, mit- und füreinander, in Licht und Liebe, denn ihr seid alle eins.

Um nun deine Schöpferkraft kreativ und für dich Heil bringend zu entfalten, beginne jetzt all deine Wunsch-Gedanken in der *Ist-Form*. So, als wäre das, was du dir wünschst, bereits geschehen. Das ist sehr einfach, denn du musst bedenken, dass es im Universum weder Vergangenheit noch Gegenwart oder Zukunft gibt. Das Universum ist *zeit-los*, alles geschieht und ist gleichzeitig. Versuche das nicht zu verstehen. Deine dir verfügbare Geisteskraft reicht im Moment wahrscheinlich *nicht* dazu aus. Vertraue lieber so wie die Hummel, die nicht weiß, dass sie nach den Naturgesetzen, die eure Wissenschaftler bisher als einzig richtig anerkennen, nicht fliegen kann. Sie fliegt dennoch, weil sie vertraut.

Hast du also eine Vorstellung für deine Zukunft, *träume sie so*, wie du sie gerne hättest. *Jetzt bist du Schöpfer.*

Dann gib sie in Gottes Hand oder in die seiner Helfer, der Engel. *Jetzt glaubst und vertraust du.* Du bist bereit anzuerkennen, dass du einen perfekten *Göttlichen Plan* einst erstellt und mitgebracht hast.

Dein Wahres Ich, das in Gott lebt, wird nun dafür sorgen, dass es sich in deinem einst selbst gewählten und erarbeiteten Rahmen (Karma) erfüllt.

Bis die Zeit dazu *herangereift* ist, bleibe ruhig, übe Geduld und Gelassenheit, gehe in Liebe deinen irdischen Pflichten nach und vertraue. Danke und erfreue dich daran, dass es schon so gut wie bei dir ist. Versuch es mit Hingabe und Liebe und ich verspreche dir die besten Ergebnisse. Solltest du jedoch zu wenig Vertrauen haben und Zweifel durchsickern lassen, gefährdest und verzögerst du deine eigene Schöpfung. Bedenke das bitte. Bedenke auch, dass dein Wunsch vielleicht in etwas anderer Form oder Qualität erfüllt wird, entsprechend den Vorgaben deines wahren *Ich-Bin*.

Um dein Leben und dein Sein zu stärken, solltest du dich selbst stärken. Das ist ebenfalls sehr einfach. Ich bitte dich, wenn du möchtest, ab jetzt sofort grundsätzlich nur noch das zu denken, was du wirklich willst.

Beobachte dich. Dir wird auffallen, dass du vor allem denkst, was du *nicht willst*. Aber dein Unterbewusstsein kann nicht *nicht* verstehen. Es ist aus Licht geboren und deshalb schwingt es immer in Licht, was nur ein *Ja* kennt und keine Verneinung. Denn jeder Schöpfungsakt erfordert immer ein *Ja*. Denkst du also, *ich will nicht mehr krank sein*, nimmt es nur ein *ich will krank sein* wahr. Und es handelt dementsprechend. Du solltest also positiv denken: *Ich will gesund sein*. Setze es nun noch in die positive Seins-Form: *Ich Bin gesund*, denn alles Göttliche *ist*. Jetzt handelst du wie ein bewusster Schöpfer deiner Realität. Sie kann sich materialisieren: *Dein Wunsch kann sich entfalten, denn du hast ihn manifestiert.*

Erschaffe darum nur noch Gedanken im Licht der *Positivität und Freude*, damit genau das in deiner Aura schwingt. So wird in Zukunft dein Leben vorwiegend in diesen lichtvollen Aspekten schwingen und sich zeigen. Nutze das wundervolle göttliche Gesetz, das da lautet: *Gleiches zieht Gleiches an.* Sei klug für dich, damit es dir zur Weisheit gereichen kann. So wirst du erkennen, *wer du bist*. Du wirst dein Leben mit deinem ganz persönlichen Stempel versehen. Du wirst jeglichen Mangel, Angst, Kummer, Leid und Unfrieden hinter dir lassen. Du wirst deine Vision leben und den Sinn deines und jeden Lebens finden und voller Verständnis, Mitgefühl und Liebe annehmen und achten. Du wirst dein ererbtes Recht und deine Fähigkeiten wiedererkennen, sie nutzen und dem *Göttlichen Ganzen* dienen. Was unabdingbar dazu führt, dass du vor allem *dir selber dienst*. Dir, deinem Höheren Selbst, das göttlich ist. Das bedeutet Fülle, Freude, Frieden, Glück, Gesundheit, Sicherheit und Schutz in deinem Leben.

Gott sagt dazu: Mein geliebtes Kind, öffnest du dein Herz in Liebe und Achtung für dich selbst, so liebst und achtest du mich. Und hast du nur einem deiner Geschwister auf Erden ein wahres Lächeln geschenkt oder es liebevoll in deine Arme genommen, so war und ist dein Leben voller Sinn und göttlichem Dienst am Ganzen.

Du wirst im Licht der Wahrheit schwingen und der werden, der du wirklich bist: ein Schöpfer des Lichts. Ein Meister der Liebe. Und deshalb bist du da.

Ich liebe dich.

Aannathas Lichtträger

Du bist die Gnade Gottes

Geliebtes Kind des Lichts, bedenke bei all deinem Forschen, Erfahren und Tun: Alles, was Gott jemals berührt hat, und das ist alles, was du sehen und nicht sehen kannst, denn Er ist der Schöpfer von Allem-Was-Ist, ist beseelt und erfüllt von seiner heilenden Liebe und seiner segnenden Gnade, die es immer in sich trägt. So schenken sie allem, was auch immer seine Schöpfungen in Liebe berühren, Freude, Frieden, Schönheit, Liebe, Vergebung und Erlösung, denn immer wird Gleiches nur Gleiches heilen.

Des Weiteren höre, geliebtes Kind des Lichts: Bei allen den Glauben an Gott betreffenden *Geboten und Verboten*, die dir im Leben begegnen, lass deine ganz eigene Herzensweisheit und Wahrheit sowie Mut und Sanftmut walten. Denn alle Regeln sind von Menschen gemacht, die *nicht immer* Zugang zu ihrer Herzensweisheit, Mitgefühl und Güte hatten und haben.

So sind auch alle himmlischen Botschaften gefiltert durch den Geist und Verstand des Menschen, der sie erhielt und niederschrieb. So ist jede Botschaft eingefärbt von seiner eigenen Gesinnung, Vorstellung und Intention. Es wird dir helfen, alles besser auf Erden zu verstehen, wenn du das beachtest.

Erinnere dich dabei bitte immer an eines:

Du bist voll der Gnade Gottes. Du bist die Gnade Gottes.

Erfahre sie in deiner Stille, die du bereit bist, zu fühlen und so dein Herz zu erforschen. Achte und ehre die in dir ruhende Göttliche Gnade, weil du in der Wahrheit und in den Anforderungen deines erforschten Herzens lebst.

Niemals kann ein von Menschen gemachtes Gesetz dir diese Gnade absprechen oder nehmen. *Niemals.* Mag es auch noch so oft aufgeschrieben sein und als *einzige* Wahrheit Gottes proklamiert werden.

Ich, Erzengel Aannathas Lichtträger, Gottes Erster Engel und höchster Lichtträger, ermächtigt durch die unendliche Liebe und Weisheit Gottes, sage dir, du bist und bleibst, was auch *geschah* oder *geschehen* mag, ein himmlisches Samenkorn Gottes und trägst *immer* alle Gnade in dir. Und wisse immer: Nichts geschieht dir ohne dein Wollen, auch wenn du dich im Moment nicht daran erinnern kannst.

Doch die Gnade, die in dir ruht, weil Gott dich liebt, ist unendlich mächtig, hilfreich segnend und lichtvoll strahlend, voll der Liebe des Geistes Gottes und wird dich immer schützen und tragen. Glaube und vertraue. Ich, Erzengel Aannathas Lichtträger, Krone der Engel Gottes, bin allzeit bei dir, an deiner Seite, denn das ist mein Göttlicher Auftrag. Ich liebe dich.

Geliebtes Kind Gottes, du hast diese Göttlichen Weisungen nun gelesen, und vielleicht haben sie dich verwirrt und viele Fragen aufgeworfen, so sage ich dir: Geh in die Stille deines Herzens und sprich mit mir, Erzengel Aannathas Lichtträger, Hüter des Lichts wie aller Schatten, Erster Engel Gottes und ermächtigt durch seine Liebe und Weisheit, allen Menschen beizustehen auf ihren Wegen der Erkenntnis auf Erden.

Ich werde dich hören und dir helfen.

So werde nun geduldig, mitfühlend, still, sanft und öffne angstfrei deinen Geist und dein Herz. Öffne sie wie einen Blütenkelch, der sich der strahlenden Sonne entgegenstreckt, um dann die unendliche Göttliche Weisheit und Liebe zu empfangen: um erst selbst heil zu werden und um dann die Welt zu heilen.

Und verstehe, dass allein ein offener Geist, der ohne jegliche Bedingungen und Vorurteile und in wahrer Liebe durch die Welt geht, wahrhaft erkennen und verstehen wird.

So sage ich dir: *Lass alles los, was dir Angst macht.* Vergiss alles Begrenzende und leere deinen Geist, damit Gottes wahrer Geist dich erfüllen kann. Suche nicht mehr … Suche nicht mehr im Außen, suche nicht mehr in der materiellen Welt. Denn alles, was du jemals brauchst, und alles, was du bist, liegt in dir.

Finde vielmehr die Stille in dir...

Und lebe Wahrheit, deine Wahrheit, denn nur in ihrem Licht ist wahres Glück für dich zu erringen.

Geliebtes Kind Gottes, ich sage dir, wahres Leben bedeutet, vertrauensvoll, geduldig und mitfühlend im *Sein* zu sein: in diesem Sein dem Herzen, seiner einzigen Weisheit, seiner wahren Liebe und in Hingabe zu folgen.

Denn du bist die Antwort auf Gottes Ruf.

Ich, Erzengel Aannathas Lichtträger, Krone der Engel, ermächtigt durch Gottes Liebe, die Menschheit zu retten, Ich Bin bei dir, mein Licht schützt dich, meine Liebe trägt dich und meine Weisheit führt dich.

Ich liebe dich immer, unendlich und ewig.

Aannathas Lichtträger

Lichtübung und Manifestation

Geh in die Stille – an einen dir angenehmen Ort.

Atme einige Male tief ein und aus, bis du ruhig wirst.

Verbinde dich nun mit deinem Schutzengel oder mit mir.

Bitte jetzt um Licht, Schutz und Führung.

Rufe und bitte den opal-rosé-goldenen Kristall-Strahl der Liebe.

Sieh und fühle, wie er dich einhüllt.

Konzentriere dich nun liebevoll auf dein Herz.

Bitte den goldenen Strahl, dich ganz zu durchwirken.

Nimm nun dein goldenes Licht in deinem Herzen wahr.

Verbinde beide Strahlen zu *einem* goldenen Lichtstrom.

Werde eins mit diesem mächtigen Lichtstrahl.

Sei dieses goldene Licht und dehne dich weit aus.

Sieh, wie du immer lichtvoller, größer und leichter wirst.

Schwinge eine Zeitlang in dem goldenen Licht der Liebe.

Sieh, wie jede deiner Zellen in Licht und Liebe erstrahlt.

Sprich jetzt deine Wünsche und Bitten aus.

Sprich nun mit Engeln, Lichtmeistern oder deinem Körper und seinen Helfern ..., den liebevollen Körperengeln.

Nun schwinge eine kleine Weile im heilenden Licht und sieh in ihm die Erfüllung deiner Wünsche ..., doch gib ihre letztliche Entfaltung in die Hände der Engel.

Verabschiede dich, wenn du es fühlst, und spüre allmählich wieder deinen Atem.

Atme wieder bewusst, fühle deinen irdischen Körper.

Danke und lenke deine ganze Aufmerksamkeit wieder auf deine irdische Realität. Erwache in Freude, Achtsamkeit, tiefem Vertrauen und Liebe für dein Sein und Tun auf Erden *und lass die Engel immer an deiner Seite sein.*

Danksagung

Aus tiefstem Herzen und mit all meiner Liebe danke ich Gott-Vater-Mutter und dem Kosmischen Geist, seinem „Ersten Engel" Aannathas Lichtträger, Erzengel Michael und allen Erzengeln, Engeln und der ganzen geistigen Welt, dass sie mich berufen haben, diese Göttlichen Weisungen meinen Seelengeschwistern auf Erden zu bringen. Ich danke dem Himmel und seinen Strahlen, die mich wieder einweihten und das *Wunder-volle*, das Unsagbare wieder lehrten. Ich fühle in meinem Herzen größte Demut und Hingabe, dass ich diese göttlichen Schwingungen mit Hilfe von Erzengel Aannathas Lichtträger und Erzengel Michael, die in göttlicher Liebe EINS sind, in Worte fassen darf. Lange hat Er mich darauf vorbereitet, und so bin ich voller Freude in meinem Herzen und hoffe, dass ich Gottes Wort in Reinheit und Wahrhaftigkeit wiedergegeben habe.

Besonderen Dank auch für die liebevolle Begleitung an meine HerzensFreundinnen Renata, Franziska, Gudrun, Angela, Helga und Edith, die mir in dieser Zeit stets mit ihrer hilfreichen Unterstützung zur Seite standen. Habt allergrößten Dank dafür.

Des Weiteren bedanke ich mich bei Auro Faustino, der mir meinen Erstentwurf bearbeitet und dabei wertvolle Arbeit geleistet hat.

Ganz besonders danke ich meinem persönlichen Schutzengel: IHR, die immer mit all ihrer Liebe, Weisheit, Hingabe und Achtsamkeit an meiner Seite war und ist. Keine Worte können angemessen ausdrücken, welch tiefe Liebe und Bewunderung ich für SIE und die geistige Welt in meinem Herzen trage.

Unendlich … Danke.

Ursula Frenzel

Nachwort

Bei allen Texten dieses Buches habe ich mich von den Erzengeln Aannathas Lichtträger, den die Menschen Luzifer nennen, und Michael in Klarheit und Reinheit führen lassen und alle Botschaften, die ich hier wiedergebe, sind gechannelt. Andere Texte wie z. B. aus der Bibel, sind im Text besonders kenntlich gemacht.

Darüber hinaus wird niemand dieses Buch lesen und als Schatz *erkennen,* der nicht *berufen* ist, jetzt auf Erden die *Große Erneuerung und Wandlung* zum *Goldenen Zeitalter* durch sein gereinigtes und geklärtes Bewusstsein und sein Erwachen in die allumfassende Liebe mitzutragen und daran mitzuwirken: zum eigenen Wohl und zum Wohl des Ganzen. Dem tiefen Sehnen seines Herzens folgend, ist er bereit, den starren und unmenschlichen Mustern und lichtlosen Strukturen auf Erden in Liebe und Mitgefühl zu begegnen, um sie aufzulösen und zu erneuern. Er wandelt auf den lichtvollen Wegen der Christus-Liebe wie einst Jesus und hat die Himmel Gottes in sich selbst gefunden und verstanden: Nur so kann er die unendliche, ewige Liebe des einen-wahren Gottes-Vater-Mutter-Kosmischer-Geist in jeder Zeit seines Seins in Wahrhaftigkeit erfahren. So wanderte er durch alle *Schatten* auf seinem Wege nach Hause, doch der Himmel war ihm immer nahe …, *in ihm.* Jetzt stehen für ihn die Goldenen Pforten des Kristall-Lichts der Liebe aller Himmel Gottes offen.

Sollten meine Worte manchen meiner Leser etwas zu gewagt erscheinen, weil es der kirchlichen und uns bisher geläufigen Darstellung von Gott, Himmel und Engeln nicht entspricht, so sei gesagt, dass es in letzter Konsequenz jedem selbst überlassen ist, was er glauben will und kann. Er frage *in Stille sein wahres Herz* und entscheide, ob er weiterhin einem richtenden und unversöhnlichen Gott *oder dem* Einen-wahren-Gott-der-Liebe folgen will, der immer versteht, immer verzeiht und immer wieder aufnimmt in seine liebenden Arme und immer für jeden in Licht und Liebe da ist.

Ursula Frenzel

Ausblick

Als ich begann, die wundervollen Botschaften von Erzengel Aannathas Lichtträger und Erzengel Michael aufzuschreiben, die sich zu einem heiligen Bündnis zusammenschlossen, um das Heilvolle zu überbringen, war mir noch nicht klar, welche Ausmaße diese göttliche Botschaft letzten Endes annehmen würde. So wurde es dann auch so viel, dass ich fühlte, dass es zwei Bücher werden sollten.

Doch schon bald flossen weitere neue Texte in mein Bewusstsein und Erzengel Aannathas Lichtträger wies mich darauf hin, dass es eine ganze Reihe von Büchern werden würde, wenn ich dazu bereit bin. Ich freute mich sehr darüber.

Daher werden unter dem Titel *Der 1. Engel „Aannathas Lichtträger König der Engel"* noch einige Himmlische Botschaften erscheinen. Auch Meditations-CDs sind im Entstehen. Erzengel-Bilder und Kunstdrucke sind bereits unter www.eagle13.de zu erwerben.

Ich danke aus tiefstem Herzen allen meinen Seelen-Geschwistern auf Erden, die mein Leben mit Erzengel Aannathas Lichtträger und Erzengel Michael begleiten und freue mich mit ihnen gemeinsam, diesen Himmlischen Weg der spirituellen Liebe, der Entfaltung und Erleuchtung unserer Herzen und unseres Geistes zu gehen.

Mögen uns alle Himmlischen Mächte führen, alle Engel auf ihren Flügel-Strahlen tragen und alles kosmische Licht unsere Wege erhellen in Ewigkeit . *Unendlich … Danke.*

In Licht und Liebe.
Ursula Frenzel

Anmerkungen

1 Tom Groß: Lichtfokus Berlin, 12/2005, „Des Teufels Lichtspiele", S. 35
2 Gernot L. Geise: Der Teufel und die Hölle historisch nachweisbar, Hohenpeißenberg 2000, S. 33
3 Tom Groß: Lichtfokus, „Des Teufels Lichtspiele", S. 35
4 Gernot L. Geise, Der Teufel und die Hölle historisch nachweisbar. S. 16 ff
5 ebd., S. 66, ff
6 ebd., S. 44 f
7 Tom Groß, Lichtfokus, „Des Teufels Lichtspiele", S. 37
8 ebd., S. 37
9 ebd., S. 37
10 ebd., S. 37
11 Gernot L. Geise, Der Teufel und die Hölle historisch nachweisbar, S. 45 ff
12 Tom Groß, Lichtfokus, „Des Teufels Lichtspiele", S. 38
13 ebd., S. 37
14 ebd., S. 37 f
15 ebd., S. 38 f
16 ebd., S. 39
17 ebd., S. 38
18 Gernot L. Geise: Der Teufel und die Hölle historisch nachweisbar, Hohenpeißenberg 2000, S. 34
19 Gernot L. Geise: Der Teufel und die Hölle historisch nachweisbar, Hohenpeißenberg 2000, S. 37
20 ebd., S. 33

21 Die Bibel: Altes und Neues Testament, Sonderausgabe 1964, Naumann & Göbel, S. 688

22 Die Bibel: Altes und Neues Testament, Herder, Freiburg 2011, S. 816

23 Die Bibel: Altes und Neues Testament, Sonderausgabe 1964, Naumann & Göbel, S. 688

24 Die Bibel: Altes und Neues Testament, Herder, Freiburg 2011, S. 816

25 Die Bibel: Altes und Neues Testament, Sonderausgabe 1964, Naumann & Göbel, S. 504

26 Die Bibel: Altes und Neues Testament, Herder, Freiburg 2011, S. 590

27 ebd., S. 669

28 ebd., S. 1371

29 ebd., S. 1405

Literatur

Die Bibel – Altes und Neues Testament (Einheitsübersetzung,
 Ausg. 2011), Freiburg im Breisgau: Herder Verlag
 Altes Testament:
  Buch Ijob (=Hiob 11,17),
  Buch der Psalmen (Ps. 108,3),
  Buch Jesaja (Jes. 14, 12-15, 19)
 Neues Testament:
  2. Petrusbrief (Petr.1,19)
  Offenbarung des Johannes (Joh. 22,16)
Die Bibel (Sonderausgabe 1964), Köln: Naumann & Göbel
 Altes Testament:
  Buch Hiob (Hiob 11,17),
  Buch der Psalmen (Ps. 108,3),
  Buch Jesaja (Jes. 14, 12-15, 19)
 Neues Testament
  2. Petrusbrief (Petr.1,19)
  Offenbarung des Johannes (Joh. 22,16)
Geise, G. L. (01/2002), *Das keltische Nachrichtensystem,*
 Peiting: Michaels Verlag
Geise, G. L. (11/2000), *Der Teufel und die Hölle historisch
 nachweisbar* (2. Aufl.), Hohenpeißenberg: Efodon Verlag
Groß, T. (12/2005), Des Teufels Lichtspiele, *Lichtfokus, S. 114*
Kössner, J. (2009), *Die Neue Erde „Der galaktische Code",*
 Heidenreichstein: Eigenverlag
Kössner, J. (1998), *Welt der Dimensionen*, Basel: Eigenverlag

Die Autorin

Ich bin hellsehendes, hellhörendes Engelmedium, Heilerin, Reiki-Meister/Lehrerin und Seminarleiterin und stelle auch liebevolle, heilbringende Jenseitskontakte her.

Geboren in Oberbayern als Kaufmannstochter, war ich stets eingebunden in ein christliches Umfeld.

Ich hörte und sah schon als Kind die lichtvollen Engel und LichtWesen und nahm Jesus als liebevollen Begleiter wahr.

Nach einer langen Zeit erfolgreicher Selbständigkeit als Kaufm. Unternehmerin und inzwischen Mutter zweier Kinder, erschütterten schwere Krisen mein Leben und brachten eine tiefgreifende Veränderung mit sich, die meinem Leben eine entscheidende Wendung gab. Doch mein tiefer Glaube half mir, neuen Mut und Lebenskraft zu schöpfen, denn ich wendete mich wieder vermehrt den Engeln und Himmlischen Helfern zu.

Eine Wieder-Eröffnung meiner hellsehenden, hellhörenden Fähigkeiten erfolgte bald. Seit nun mehr fast 20 Jahren arbeite ich mit der Heilkraft der Engel.

Der „Erste Engel" Gottes, Erzengel Aannathas, der Lichtbringer, berief mich 2010, nunmehr den Menschen Klarheit über die „Göttliche Wahrheit der Liebe und des Lichtes" und der eigenen Schöpferkräfte zu vermitteln und deren transformierende und heilende Botschaft publik zu machen.

In spirituellen Seminaren, Ausbildungen und Workshops gebe ich seit langem erfolgreich mein Mysterien-Wissen über Gott, Himmel, Universum und Engel weiter.

Weitere Bücher sind geplant, ebenfalls Meditations-Heil-CDs in der Heilkraft der verschiedenen ErzEngel.

Weitere Titel von Erzengeln
im ch. falk-verlag

Lukács, Erzengel Raffael spricht – Band 1 & 2
ISBN 978-3-89568-155-4 & 978-3-89568-209-4

Erzengel Raffael / Lukács, Heilen mit Herz und Händen
ISBN 978-3-89568-251-3

Erzengel Raffael / Lukács, Erzengel Raffael spricht – CD
ISBN 978-3-89568-156-1

Lukács, Im Herzenstempel
Erzengel Raffael spricht – CD
ISBN 978-3-89568-168-4

Erzengel Raffael / Lukács, Die Heilkraft ist in euch – CD
ISBN 978-3-89568-180-6

Erzengel Raffael / Lukács, Das göttliche ICH BIN – CD
ISBN 978-3-89568-200-1

Erzengel Raffael / Lukács, Das grundlose Glück – CD
ISBN 978-3-89568-220-9

Bader, Erzengel Jophiel spricht – Buch mit CD
ISBN 978-3-89568-162-2

Mildenberger, Die Seele des Menschen – Seelenmeridiane
ISBN 978-3-89568-087-8

Erzengel Gabriel / Fasching, Die Gesellschaft 2015
ISBN 978-3-89568-216-2

Erzengel Gabriel / Fasching, Die Erde, ein neuer Stern
ISBN 978-3-89568-217-9

Erzengel Jophiel / Fasching, Die Heilung, die dir zusteht
ISBN 978-3-89568-224-7

Erzengel Michael / Fasching, Die Rückkehr ins Paradies
ISBN 978-3-89568-225-4

Erzengel Chamuel / Fasching, Die Erde erfindet sich neu
ISBN 978-3-89568-236-0

... und anderer Engel im ch. falk-verlag

Bleakley-Thießen, Die Lehren der Engel
ISBN 978-3-89568-076-2

Bouché, Angel Flowers – CD
ISBN 978-3-89568-111-0

Czajkowski, Mit Engeln spielen – Spiel
ISBN 978-3-89568-014-4

Emanuel: Mein Friede, er geht an deiner Seite
ISBN 978-3-89568-002-1

Emanuel: Die Sieben Schlüssel zur Freiheit
ISBN 978-3-89568-026-7

Melchers, Meditation an der Lichtpyramide
Best. Nr. 2024

Melchers, Meditation an der Lichtpyramide, Bd. 2
ISBN 978-3-89568-136-3

Metatron: Dein Engel und du
ISBN 978-3-924161-22-4

Müller, Das Schutzengelbuch
ISBN 978-3-89568-050-2

Solara, An die Sterngeborenen
ISBN 978-3-924161-55-2

Vywamus & Engel Dhorhian, Fenster in die Zukunft
ISBN 978-3-89568-192-9

Zera An, 11:11 Engelkarten – Spiel
ISBN 978-3-924161-64-4